BAND 5 DER EDITION LYRIK KABINETT

Herausgegeben von Ursula Haeusgen,
Michael Krüger und Raoul Schrott

Derek Walcott

DER VERLORENE SOHN

Zweisprachige Ausgabe
Deutsch von Daniel Göske

Carl Hanser Verlag

THE PRODIGAL

To Luigi Sampietro

DER VERLORENE SOHN

Für Luigi Sampietro

PART I

TEIL I

1

I

In autumn, on the train to Pennsylvania,
he placed his book face-down on the sunlit seat
and it began to move. Metre established,
carried on calm parallels, he preferred to read
the paragraphs, the gliding blocks of stanzas
framed by the widening windows –
Italian light on the factories, October's
motley in Jersey, wild fans of trees, the blue
metallic Hudson, and in the turning aureate afternoon,
dusk on rose brickwork as if it were Siena.

Nothing. Nobody at the small railroad station.
The willows fan open. Here we hung our harps,
as the river slid past to elegiac banjos
and the barge crawled along an ochre canal
past the white spires of autumnal towns
and racketing freight trains all long whoop and echo.
Stations, bridges and tunnels enter the language
and the scribble of brown twigs on a blank sky.

And now the cars began to fill with pilgrims,
while the book slept. With others in the car,
he felt as if he had become a tunnel
through which they entered the idea of America –
familiar mantling through the tunnel's skin.
It was still unfamiliar, the staidness of trains.
And the thoughtful, the separate, gliding in cars

1

I

Im Herbst, im Zug nach Pennsylvania,
legte er sein Buch, Seite nach unten, auf den sonnigen Sitz,
und es ging los. Vom Versmaß getragen
auf ruhigen Parallelen, las er lieber
die gleichmütig gleitenden Blöcke der Strophen
der sich stetig weitenden Fensterrahmen –
italienisches Licht auf Fabriken, bunt gescheckter
Oktober in Jersey, wilde Fächer aus Bäumen,
der blaumetallene Hudson und in der Aura des Abends
auf rosigem Backstein die Dämmerung, als wäre es Siena.

Nichts. Niemand auf dem kleinen Bahnhof.
Die Weiden fächern sich auf. Dorthin hängten wir unsere Harfen,
als der Fluß zu elegischen Banjos vorbeiglitt
und der Kahn den ockerbraunen Kanal entlangkroch,
vorbei an den weißen Türmen herbstlicher Städte
und rumpelnden Güterzügen mit lang heulendem Echo.
Bahnhöfe, Brücken und Tunnel finden zur Sprache
und braune Äste kritzeln auf leerem Himmel.

Und nun füllten sich die Waggons mit Pilgern,
während das Buch schlief. Mit den anderen im Wagen
kam es ihm vor, als sei er ein Tunnel geworden,
der sie zur Idee von Amerika führte –
die Haut des Tunnels bot vertrauten Schutz.
Noch immer war es unvertraut, das Gleichmaß der Züge.
Und die anderen, abgesondert, gedankenverloren, wie sie gelassen

on arrowing rails serenely, each gripped face intent
on the puzzle of distance, as stations pass
without waving, and sad, approaching cities,
announced by the prologue of ramshackle yards
and toothless tunnels, and the foliage rusting
across an old aqueduct, loomed and then dwindled
into their name. There were no stations
or receding platforms in the maps of childhood
nor blizzards of dogwood, no piercing steeples
from buttressed cathedrals, nor statues whose base
held dolphins, blunt browed, repeating themselves.
Look at that man looking from the stalled window –
he contains many absences. He has ridden
over infinite bridges, some with roofs below,
many where the afternoon glittered like mica
on the empty river. There was no time
to fall in love with Florence, to completely understand
Wilmington or the rusty stanchions
that flashed past with their cables
or how the screaming gulls knew
the names of all the women he had lost.
There was sweet meditation on a train
even of certain griefs, a gliding time
on the levelled surface of elegiac earth
more than the immortal motion of a blue bay
next to the stone sails of graves, his growing loss.

Echoing railway stations drew him to fiction,
their web of schedules, incoherent announcements,
the terror of missing his train, and because trains
(their casual accuracy, the joy in their gliding power)
had (there were not trains on the islands
of his young manhood) a child's delight in motion,
the lines and parallels and smoky arches

dahinglitten auf pfeilgraden Gleisen, jedes Gesicht gebannt
vom Rätsel der Ferne, während die Bahnhöfe vorüber-
ziehen und niemand winkt, und die traurigen Städte,
verkündet vom Prolog verkommener Hallen
und zahnloser Tunnel und dem rostigen Laub
an einem alten Aquädukt, aufragten und dann
in ihrem Namen verschwanden. Weder Bahnhöfe
noch flüchtige Haltestellen gab's auf den Karten der Kindheit,
noch Blizzards aus Hartriegelblüten, keine spitzen Türme
hoch aufstrebender Dome, noch Standbilder, deren Sockel
stumpfstirnige Delphine vielfach umspielten.
Sieh den Mann dort, der aus dem stillstehenden Fenster sieht –
er enthält viele Abwesenheiten. Er überquerte
endlose Brücken, einige hoch über Dächern,
unter manchen glitzerten Nachmittage wie Glimmer
auf dem leeren Fluß. Nie reichte die Zeit,
sich in Florenz zu verlieben, Wilmington ganz
zu verstehen oder die rostigen Stützen,
die mit ihren Trossen vorüberblitzten,
oder woher die kreischenden Möwen die Namen
all jener Frauen kannten, die er verloren hatte.
Im Zug gelang sogar die süße Meditation
über mancherlei Kummer, eine gleitende Zeit
auf der ebenen Fläche der elegischen Erde
statt der ewigen Regung einer blauen Bucht
an den steinernen Segeln der Gräber, seinem vermehrten Verlust.

Das Echo der Bahnhöhe zog ihn zur Scheinwelt der Dichtung,
ihr wirres Gewebe von Fahrplänen, Ansagen,
die Angst, seinen Zug zu verpassen, und weil Züge
(ihre lässige Pünktlichkeit, das Glück ihrer gleitenden Kraft)
eine kindliche Lust (es gab keine Züge auf den Inseln
seiner jungen Jahre) an der Bewegung hatten,
blieben die Zeilen und Linien und rauchschwarzen Bögen

of unread famous novels would stay the same
for yet another fall with its bright counties,
he knew, through the gliding window, the trees would lift
in lament for all the leaves of the unread books,
Anna Karenina, for the long wail of smoke
across Alpine meadows, for soldiers leaning
out of war-crowded stations, a separate joy
more rooted in landscapes than the flare of battles.

In the middle of the nineteenth century,
somewhere between Balzac and Lautréamont,
a little farther on than Baudelaire Station
where bead-eyed Verlaine sat, my train broke down,
and has been stuck there since. When I got off
I found that I had missed the Twentieth Century.
I studied those small things which besieged the station,
the comical belligerence of dragonflies
and the perpetual astonishment of owls.
It was another country whose time had passed,
with pastoral willows and a belief in drawing.
I saw where Courbet lived; I saw the big quarry
and the lemon light of Jean-Baptiste Camille Corot.
The noise of roaring parliaments, a noise
that sounded like the ocean, whorled in my ear-shell,
was far, and the one sibilance was of the poplars
who once bowed to Hobbema. My joy was stuck.
The small station was empty in the afternoon,
as it had been on the trip to Philadelphia.
I sipped the long delight of a past time
where ambition was too late. My craft was stuck.
My deep delight lay in being dated
like the archaic engine. Peace was immense.
But Time passed differently than it did on water.

berühmter, ungelesener Romane die gleichen
für noch einen Herbst mit seinen hellen Bezirken;
er kannte – hinter dem gleitenden Fenster trugen die Bäume
Trauer um all die Blätter der ungelesenen Bücher,
Anna Karenina, um das lange Geheul des Qualms
über Alpenwiesen, um Soldaten, die im Krieg
aus vollen Bahnhöfen quollen – ein separates Glück,
das mehr in Landschaften wurzelte als in flammenden Schlachten.

Mitten im neunzehnten Jahrhundert, irgendwo
zwischen Balzac und Lautréamont,
nicht weit hinter dem Baudelaire-Bahnhof,
wo Verlaine knopfäugig saß, versagte mein Zug;
seitdem steht er dort still. Ich sah's, als ich ausstieg:
das zwanzigste Jahrhundert hatte ich verpaßt.
Ich musterte die winzigen Belagerer des Bahnhofs,
die alberne Streitlust der Libellen
und das ewige Staunen der Eulen.
Das war ein anderes Land, seine Zeit war vorbei,
wie Schäferszenen und das Bekenntnis zur Zeichnung.
Ich sah, wo Courbet lebte, sah den großen Steinbruch,
das Zitronenlicht von Jean-Baptiste Camille Corot.
Der Lärm dröhnender Parlamente, ein Lärm
wie der des Ozeans, drang mir von fern ins Ohr,
das einzige Gewisper kam von den Pappeln,
die vor Hobbema einst sich neigten. Meine Freude stand still.
Leer war der kleine Bahnhof an jenem Nachmittag,
wie damals auf der Fahrt nach Philadelphia.
Ich nippte am langen Entzücken einer vergangenen Zeit,
die keinen Ehrgeiz mehr lohnte. Mein Handwerk stand still.
Es war meine höchste Lust, überholt zu sein
wie jene uralte Lok. Unermeßlicher Frieden.
Doch die Zeit verging anders als auf dem Wasser.

II

There is a continent outside my window,
in the Hudson's patient narrative. There's some calm.
But traffic hurtles up the West Side Highway,
and in fall, the embankment blazes, but
even in spring sunlight I have rarely sought
the glittering consolation of the river,
its far-fetched history, the tongues of unknown trees
talk to an old man sitting on a bench.
Along the smouldering autumnal sidewalks,
the secretive coffee-shops, bright flower stalls,
wandering the Village in search of another subject
other than yourself, it is yourself you meet.
An old man remembering white-headed mountains.
And subtly the sense insinuates itself
that frequent exile turns into treachery,
missing the seasons at the table of July
on lower Seventh Avenue when young women glide
like Nereids in their lissome summer dresses,
all those Susannas for a single elder!
In spring the leaves sing round a tireless statue
who will not sit although invited to.

From a fresh- to a salt-water muse. Home to the Hudson.
The bells on a bright Sunday from my bed,
the squares of sunlight on the buildings opposite
the river slate, the sky cloudless, enamelled.
Then Sunday brings its summary of the world,
with the serene Hudson and its criss-crossing ferries,
great clouds and a red barge.
Gaze, graze on the numinous greys
of the river, its spectral traffic

II

Vor meinem Fenster liegt ein Kontinent,
im bedächtigen Bericht des Hudson. Und etwas Ruhe.
Am West Side Highway aber rumpelt der Verkehr,
und wie in Flammen steht der Uferdamm im Herbst,
doch habe ich auch in der Frühjahrssonne
den glitzernden Trost des Flusses selten gesucht,
seine weit hergeholte Geschichte, die Zungen fremder
Bäume tuscheln mit einem Alten auf einer Bank.
Durch das herbstlich schwelende Village,
durch dunkle Cafés und leuchtende Blumenstände,
auf der ständigen Suche nach einem anderen Stoff
als deinem eigenen Ich, triffst du auf dich.
Ein alter Mann, der an schlohweiße Berge denkt.
Und listig, leise schleicht sich die Ahnung ein,
daß häufiges Exil sich in Täuschung verkehrt,
verpaßt man die Jahreszeiten am Tisch des Juli
unten an der Seventh Avenue, wo junge Frauen
wie Nereiden leicht geschürzt vorübergleiten,
so viele Susannas für einen einzigen Alten!
Im Frühling singt das Laub um ein unermüdliches Standbild,
das sich nicht setzt, obwohl man es drum bittet.

Von einer Süß- zur Salzwassermuse. Zurück zum Hudson.
Von meinem Bett aus die Glocken des hellen Sonntags,
an den Gebäuden drüben quadratische Sonnenflecken,
der Strom schiefergrau, der Himmel heiter, lackiert.
Dann zieht der Sonntag seine Summe aus der Welt,
der Hudson und seine gelassen querenden Fähren,
große Wolken und ein roter Kahn.
Schau nur, weide über das heilige Grau
des Stroms, sein geisterhaftes Getriebe

and the ghostly bridges, the bouquet of lamps,
along the embankment your names fades into fog.

Clouds, the sag of old towels, sodden in grey windows,
the far shore scumbled by the fog,
ducks bob on the grey river like decoys,
not ducks but the submerged pieces of an old pier,
lights fade from the water, »Such, such were the joys,«
muffled remorse in the December air.

III

Desire and disease commingling,
commingling, the white hair and the white page
with the fear of white sight, blindness, amputation,
a recurring kidney stone, the plague of AIDS,
shaken in the mirror by that bewildered look,
the truculence, the drooping lip of a spiritual lout.
Look at it any way you like, it's an old man's book
whenever you write it, whenever it comes out,
the age in your armpits in the pleats of your crotch,
the faded perfumes of cherished conversations,
and the toilet gurgling its eclogues, resurrecting names
in its hoarse swivelling into an echo after.
This is the music of memory, water.

IV

On Monday, Boston classes. Lunch, a Korean corner –
my glasses clouded by a tribal broth,
a soup that tamed shaggy Mongolian horsemen
in steaming tents while their mares stamped the snow.

und die gespenstischen Brücken, das Lampenbouquet,
am Uferdamm verbleicht dein Name im Dunst.

Wolken, triefende Tücher, baumelnd in grauen Fenstern,
das ferne Ufer vom Nebel lasiert,
Enten tanzen wie Köder im grauen Strom,
nein, nur vom alten Pier ein paar rottende Stücke,
verblichene Lichter über dem Wasser, »Ach, wo ist das Glück«,
in der Dezemberluft gedämpfte Reue und Scham.

III

Wollust und Krankheit vermischt,
vermischt das weiße Haar und die weiße Seite
mit der Angst vor Weißsichtigkeit, Blindheit, Amputation,
vor noch einem Nierenstein, der Heimsuchung AIDS,
verstört von dem wirren Anblick im Spiegel, den Falten,
der Roheit, der hängenden Lippe eines geistigen Rauhbeins.
Wie du's auch drehst, es ist das Buch eines Alten,
egal, wann du's schreibst, egal wann's erscheint,
das Alter der Achselhöhlen, der faltigen Lenden,
das verwehte Parfum wertvoller Gespräche,
die Toilette gurgelt ihre Eklogen, ihr Echo
erweckt mit heiserem Wirbeln die Namen zum Leben.
Das ist die Musik der Erinnerung: Wasser.

IV

Montags Seminare in Boston. Mittags beim Koreaner –
meine Brille von der Sippschaftsbrühe beschlagen,
diese Suppe zähmte zottige mongolische Reiter
in dampfenden Zelten, davor stampften die Pferde den Schnee.

Asia swirls in a blizzard; winter is rising
on drifts across the pavements, soon every gutter
will be a locked rivulet then it will be time
for rose and orange lights to dot the Prudential,
and sparrows to bulb along the stricken branches.
I missed the fall. It went with a sudden flare
and blew its wick in Gloucester, sank in Salem,
and bleached the salt grass bending off Cape Ann,
flipped seals into the sound, rattled the shades
of a dark house on that headland abandoned
except by Hopper. You know the light I mean.
American light. And the wind is
the sound of an age going out of the window,
yellow and red as taxis, the leaves. And then
boring through volumes of cloud, a silverfish –

Asien wirbelt im Blizzard; der Winter erhebt sich
und weht über die Wege, jeder Rinnstein wird bald
zum verstopften Flüßchen, dann kommt die Zeit
der Lichter, orange und rosa, die das Prudential sprenkeln,
und der Spatzen, die wie Knollen auf zitternden Zweigen hocken.
Ich vermißte den Herbst. Er verging mit plötzlichem Leuchten,
in Gloucester blies er sein Licht aus, versank in Salem
und bleichte das wehende, salzige Gras vor Cape Ann,
in die Bucht warf er die Robben, rüttelte an den Läden
eines dunklen Hauses am Meer, verlassen von allen
außer von Hopper. Du kennst das Licht, das ich meine.
Amerikanisches Licht. Und der Wind ist das Geräusch
einer Ära, die aus dem Fenster fliegt,
rot und gelb wie Taxis, die Blätter. Dann bohrt sich
durch dichte Wolkenmassen ein Silberfisch –

2

I

Chasms and fissures of the vertiginous Alps
through the plane window, meadows of snow
on powdery precipices, the cantons of cumuli
grumbling or closing, gasping falls of light
a steady and serene white-knuckled horror
of speckled white serrations, inconceivable
in repetition, spumy avalanches
of forgetting cloud, in the wrong heaven –
a paradise of ice and camouflage
of speeding seraphs' shadows down its slopes
under the metal, featherless wings, the noise
a violation of that pre-primal silence
white and without thought, my fear was white
and belief obliterated – a black stroke
on a primed canvas, everything was white,
white was the colour of nothing, not the night,
my faith was strapped in. It could go no higher.
I doubted that there would be a blest descent
braking like threshing seraph's wings, to spire
and sun-shot field, wide, innocent.

The worst fear widened, to ask of the infinite:
How many more cathedral-spires? How many more
peaks of these ice-seized mountains, and towns
locked in by avalanches with their yellow lights
inside on their brilliant goods, with the clappers
of bells frozen by silence? How many small crows

2

I

Schwindelerregend: die Schrunden und Spalten der Alpen
durchs Flugzeugfenster, Wiesen aus Schnee
auf bröckligen Klippen, die Kantone der Kumuli
grummeln und drängeln, keuchende Katarakte aus Licht,
ein gelassenes, stetiges, weißknöchliges Grauen
aus weiß gesprenkelten Zacken, in unvorstellbarer
Wiederkehr, und Schaumlawinen
aus vergeßlichen Wolken, im falschen Himmel –
ein Paradies aus Eis und Tarnung
aus den Schatten talwärts rasender Seraphim
unter den federlosen, metallenen Flügeln, das Dröhnen
schändet diese vor-urzeitliche Stille,
weiß und gedankenlos, meine Angst war weiß,
vernichtet die Zuversicht – ein schwarzer Strich
auf grundierter Leinwand, alles war weiß,
weiß war die Farbe des Nichts, nicht der Nacht,
in die mein Glaube geschnallt war. Höher ging' s nicht.
Ich verzweifelte an der glücklichen Fahrt hinab,
gebremst wie mit rauschenden Seraphsflügeln, zum Licht
das auf Türmen und weiten, arglosen Feldern lag.

Die schlimmste Angst weitete sich und fragte die Endlosigkeit:
Noch wie viele Türme und Dome? Wie viele Gipfel,
vom Eis umklammert, und Städte, von Lawinen
umschlossen, ihre gelben Lichter nach innen gerichtet
auf glitzernde Waren, die Klöppel der Glocken
in der Stille erfroren? Wie viele Krähen,

like commas punctuating the drifts?
Infinite and repetitive as the ridges
patterned like okapi or jaguar, their white forests
are an opposite absolute world, a different life,
but more like a different death. The wanderer's cry
forms an O of terror but muted by the slanted snow
and a fear that is farther than panic. This,
whatever its lesson, is the tacit chorus
of the screaming mountains, the feathering alp,
the frozen ocean of oceanic roofs
above which hangs the white ogling horn –
skeletal tusk of a mastodon above white inns.

II

A small room, brown and dark, its linen
white as the white spur of the Matterhorn
above the balcony and the dark inns in snow,
and, incredibly on the scars of the crevasses,
a train crawling up the mountain. Orange lights
and brighter in the muffled streets of Zermatt,
what element more absolute as itself
than the death-hush of the snow, the voiceless blizzard,
between the brilliant windows of the stores?

He stood outside bright windows filled with music,
faint conversation through the mullioned panes
and crab-clenched chandeliers with pointed flames
above the animate and inanimate faces
of apparitions whose features matched their names,
all gentlemen with some big-buttressed dames,
a fiction in a fiction. The door could open,
he would be more than welcome. The lights were squared

die in den Wächten Zeichen setzen wie Kommas?
Gleichförmig, endlos die wie Okapi und Jaguar
vielfach getüpfelten Kämme, und ihre weißen Wälder
eine vollkommene Gegenwelt, ein anderes Leben,
mehr noch: ein anderer Tod. Der Schrei des Wanderers
wird zum O des Entsetzens, doch erstickt vom treibenden Schnee
und einer Angst jenseits von Panik. Wie immer
die Botschaft lautet, dies ist der schweigende Chor
der kreischenden Berge, des gefiederten Gipfels,
des gefrorenen Ozeans ozeanischer Dächer,
darüber hängt das weiße, äugelnde Horn –
eines Mastodons knochiger Stoßzahn, über weißen Hütten.

II

Ein kleiner Raum, dunkel und braun, das Bettzeug
weiß wie der weiße Sporn des Matterhorn
überm Balkon und den dunklen Hütten im Schnee,
und, unglaublich, über die narbigen Spalten kriecht
ein Zug den Berg hinan. Lichter, orange
und heller, in den gedämpften Straßen Zermatts,
welcher Urstoff ist so vollkommen er selbst
wie die Todesstille des Schnees, der sprachlose Blizzard
zwischen den glitzernden Fenstern der Läden?

Er stand vor hellen Sprossenfenstern, dahinter Musik,
gedämpftes Geplauder und die spitzen Flammen
der klauenförmigen Kandelaber, hoch
über den beseelten und unbeseelten Gesichtern
von Spukgebilden, die Mienen entsprachen den Namen,
allesamt hohe Herren mit ein paar wuchtigen Damen,
Erdichtetes in der Dichtung. Die Tür könnte sich öffnen,
er wäre herzlich willkommen. Lichtquadrate

on the lawn's edges. A conspiring pen
had brought him thus far. All that he had dared
lay in elegant ambush whose bright noise
was like the starlit surf whose voice had reared
him. But this was a different climate,
a different country. Now both lives had met
in this achievement. He turned his head
away this time, and walked back towards the road.
The scene was just like something he had read.
Something in boyhood, before he went abroad.
But cowardice called to him. He went back inside;
secure and rigid in their printed places
all of the dancers in that frozen ballroom.

III

As with snow, to feel the air changing,
the heart darken and in the clarity of sunshine –
the clarity of ice, as in the islands,
all spring, all summer, it was the one world
till autumn marshalled its divisions, its flags,
and deer marched with agreeing nodding antlers
into another fiction while we remained
in immortal cobalt, unchanging viridian;
and what was altered was something more profound
than geography, it was the self. It was vocabulary.
Now it was time for the white poem of winter,
when icicles lock the great bronze horse's teeth.
The streets were white. No sidewalks in the streets
and the short snowy distances between the shops
brilliant with winter gear and above the streets
full of skiers with their poles on their shoulders
the chalets, snow-roofed, with peaks like Christmas cards.

lagen am Rasenrand. Eine verbündete Feder
hatte ihn so weit gebracht. All seine alten Wagnisse
lauerten vornehm ihm auf, und das helle Gesumme
war wie die sternhelle Brandung: ihre Stimme
hatte ihn großgezogen. Dies aber war ein anderes Klima,
ein anderes Land. Auf diesem Höhepunkt
trafen sich nun beide Leben. Diesmal jedoch
wandte er den Kopf und ging zurück zum Straßenrand.
Die Szene erinnerte ihn an etwas, das er als Knabe
gelesen hatte, bevor er fortging ins Ausland.
Doch seine Feigheit rief ihn. Und er ging wieder hinein;
starr und geborgen auf ihren gedruckten Plätzen
all die Tänzer in jenem gefrorenen Ballsaal.

III

So wie bei Schnee die Luftveränderung spüren,
die Verfinsterung des Herzens, und das in der Klarheit der Sonne –
die Klarheit des Eises, wie auf den Inseln,
es war die eine Welt, den ganzen Frühling, den Sommer über,
bis der Herbst seine Truppen, seine Fahnen aufstellte,
da stapften die Hirsche mit nickendem Geweih
in eine andere Dichtung, während wir
in unsterblichem Kobalt, ewigem Chromgrün verharrten;
und was sich veränderte war größer und tiefer
als Geographie, es war das Ich. Es war das Vokabular.
Jetzt kam die Zeit für das weiße Gedicht des Winters,
da das Eis die Zähne des bronzenen Pferdes verschließt.
Weiß waren die Straßen, verschwunden die Wege,
in den schmalen, verschneiten Lücken zwischen den Läden
glitzerndes Winterzeug, und über den Straßen
voller Touristen mit geschulterten Skistöcken
die schneegedeckten Chalets, mit Giebeln wie Weihnachtskarten.

From a climate without wolves, what if I dreamt
a white wolf trotted and stood in my path,
there, in the early lights of the busy streets
thickened to silence, coal-eyed, its tongue
a panting flame, snow swarming my eyes.
Then, like a match struck with light! A different glow
than the windows of the hotels, the stores, the inns.
Her hair above the crisp snow of table linen
was like a flare, it led him, stumbling, inane.

He went down early to the lounge. Repeat:
He went down early to the lounge and waited.
The street lights were still on. Then they went out.
Eventually she came and when she came,
she brought the mountain with her into the big room
with her cold cheeks, snow smudged with strawberries,
her body streaming with hues of a banked hearth,
her eyes the blue-green of its dying coals,
and her hair, once it was shaken from its cap
leapt like a new fire. Ilse, perhaps, brought in
the muddy tracks between the inns, dark pines,
the unicorn shaft or the priapic horn
of the white mountain, as famous as its stamp,
she brought in echoes of hunted stags folding
from a shot's ricochet through a crevasse
in the warmth of the body which she now unsheathed,
shaking the dust of snow from fur and leather
and hanging her ski-coat on a rack of antlers,
with a glance that pierced him like an icicle,
flashing the blizzard of white teeth, then tousling
the wet hair at the nape of her neck, she stood
for a moment in a blizzard of linen
and the far-lightning flash of cutlery
over the chalets and lodges of Zermatt.

Wie, wenn ich, aus einem Land ohne Wölfe, träumte,
daß mir ein weißer Wolf den Weg verstellte,
dort, im frühen Lampenlicht und der wattigen Stille
der vollen Straßen, mit Augen wie Kohlen, seine Zunge
eine hechelnde Flamme, meine Augen umschwärmt vom Schnee.
Dann, wie ein loderndes Streichholz! Ein anderes Leuchten,
nicht das der Fenster der Hütten, Läden, Hotels.
Über dem schneidigen Schnee des Tischtuchs glich ihr Haar
einem flackernden Licht, er folgte ihm, stolpernd und tumb.

Er ging früh ins Foyer hinab. Noch einmal:
Er ging früh ins Foyer hinab, um zu warten.
Die Straßenlampen brannten noch. Dann gingen sie aus.
Schließlich erschien sie, und als sie erschien,
da brachte sie den Berg herein in die große Halle
mit ihren kalten Wangen, Schnee mit Erdbeerflecken,
ihr Körper glühte in den Farben einer Feuerstelle,
die Augen blaugrün wie der Kohlengrus,
und als sie ihr Haar aus der Mütze schüttelte
schlug es hoch wie frische Flammen. Vielleicht brachte Ilse
die Schlammpfade zwischen den Hütten mit, dunkle Kiefern,
den Schaft des Einhorns, das priapeische Horn
des weißen Bergs, berühmt wie seine Briefmarke,
sie brachte die Echos gehetzter Hirsche, gefällt
von Querschlägern in Gletscherspalten,
in ihrem warmen Leib, den sie nun blankzog,
als sie den Schneestaub von Fell und Leder schüttelte
und ihre Skijacke an die Geweihhaken hing;
ihr Blick durchbohrte ihn wie ein Eiszapfen,
der Blizzard ihrer weißen Zähne blitzte,
dann zauste sie ihr nasses Nackenhaar und stand
für einen Augenblick im Blizzard weißer Tücher
und in dem Lichtblitz schimmernder Bestecke
über den Chalets und den Hütten von Zermatt.

IV

As far as secular angels go there is always one,
in Venice, in Milan, hardening that horn
of aging desire and its devastations,
while skiers plunge and slide soundlessly
past crevasses, invisible as thoughts,
like the waitress buttoning her uniform
already pronged by an invisible horn
and lids that sometimes closed as if her form
slept in the white peace after an avalanche.
He looked out through the window at white air,
and there, crawling impossibly like an insect
across the drifts, a train, distinct, impossible.
Now with more promise than he could expect.
Her speech was crisp, and as for the flushed face,
was it a patronizing kindness? Who could tell?
Auf Wiedersehen to the pines and the peaked chalets
to the inns looking like toys behind the car
and the waitresses and Ilse, indifferently
going about their business with the lamps
of the Alpine dusk, and the beds freshly made
as the new snow that blurred the villages
and the lights from the stores on the banked street
and the receding shore of our hotel.
Again, how many farewells and greetings
on cheeks that change their name, how many kisses
near tinkling earrings that fade like carriage bells.

IV

Unter den irdischen Engeln gibt es stets einen,
in Mailand, in Venedig, der das Horn
der alternden Lust und ihrer Qualen härtet,
während die Skiläufer lautlos an Gletscherspalten,
unsichtbar wie Gedanken, vorübergleiten,
wie die Bedienung, die, beim Knöpfen der Tracht,
schon aufgespießt wird von einem unsichtbaren Horn
und Lidern, die sich manchmal schlossen, als schliefe
ihr Leib in dem weißen Frieden nach einer Lawine.
Er sah durchs Fenster in die weiße Luft,
und dort, unglaublich, kroch wie ein Insekt
eine Bahn über die Wächten, klar sichtbar, unglaublich.
Mit mehr Erfolgsaussicht, als er erwarten konnte.
Sie sprach recht forsch, und war ihr Gesicht nicht erhitzt
von gönnerhafter Güte? Wer konnte das wissen?
Auf Wiedersehen an die Kiefern und die spitzen Chalets,
die Hütten, die hinterm Auto wie Spielzeug wirkten,
und die Bedienungen und Ilse, die gleichmütig
die Lampen dieser alpinen Dämmerung löschten,
und an die frisch gemachten Betten, weiß
wie der Neuschnee, in dem die Dörfer verschwanden,
und die Lichter der Läden an der verschneiten Straße
und die schwindende Küste unseres Hotels.
Noch einmal: wie viele Abschiede und Begrüßungen
an Wangen, die ihren Namen ändern, wie viele Küsse
an klimpernden Ohrringen, die wie Kutschglöckchen verklingen.

V

On the powdery ridges of the slope were sheds
where cattle were byred in the winter darkness.
I imagined them blindly gurgitating their fodder,
and beyond them the vertiginous fissures
in the iron cold. There were the absolute,
these peaks, the pitch of temperature and terror,
polar rigidities that magnetized a child
these rocks bearded with icicles, crevasses
from Andersen's »Ice Maiden,« Whittier's »Snow-Bound,«
this empire, this infernity of ice.
One afternoon, an eternity ago
in his warm island childhood in a jalousied room
with all the fire of daylight outside
in the bustling, black, barefoot street, his heart
was iced with terror, a frozen pond, in which
glazed faces started behind the glacial prose
of Hans Christian Andersen's »The Ice Maiden«
with its snow-locked horror, and that
afternoon has never left me. I did not know then that
she worked as a blond waitress in Zermatt.

I liked the precocious lamps in the evening.
I had never seen so much snow. It whitened night.
Out of this snow, like weeds that have survived,
came an assiduous fiction, one that the inns,
the gables shelved with white, the muted trails,
and (unavoidable) the sharp horn of the peak,
demanded of the ritual silence, a flare of light,
the flush of a warmed face, some elegy,
some cold enchantress, an ember's memory
of fire, provided since my young manhood
or earlier, of the Ice Maiden. She and the horn

V

Auf den bröckligen Kämmen der Hänge standen Hütten
zum Schutz für die Rinder im finsteren Winter.
Ich stellte mir vor, wie sie blind dort ihr Futter käuen,
und dahinter die schwindelerregenden Schrunden
in eiserner Kälte. Sie waren vollkommen,
diese Berge, Gipfel der Kälte und des Entsetzens,
polare Erstarrung, die ein Kind in den Bann schlug,
diese Felsen mit Eiszapfenbärten, Gletscherspalten
aus Andersens »Eisjungfrau«, Whittiers »Snow-Bound«,
dies Weltreich, diese Endloshölle aus Eis.
An einem Nachmittag, vor einer Ewigkeit,
in seiner warmen Inselkindheit, im dunklen Raum,
der ihn vom heißen Tageslicht in der barfüßigen,
belebten, schwarzen Gasse schützte, gefror sein Herz
ihm vor Entsetzen zum vereisten Tümpel, da zuckten
glasige Gesichter in der Gletscherprosa
von Hans Christian Andersens »Eisjungfrau«
und ihrem schneebedeckten Grauen, und jener
Nachmittag verfolgt mich noch. Ich wußte damals nicht,
daß sie als blonde Kellnerin in Zermatt lebte.

Ich mochte die frühreifen Lampen am Abend.
Nie sah ich so viel Schnee. Er weißte die Nacht.
Diesem Schnee entwuchs wie unvergängliches Unkraut
eine emsige Dichtung, welche die Gasthöfe,
die weiß gebauschten Giebel, die erstickten Pfade
und (unvermeidlich) das spitze Horn des Gipfels
von der weihevollen Stille verlangten, ein loderndes Licht,
die rasche Röte eines Gesichts, ein Klagelied,
eine kalte Zauberin, die Erinnerung der Asche
ans Feuer, die ich seit meiner Jugend kannte,
und an die Eisjungfrau. Sie und das Horn

were from the same white magic and when she came,
she lifted her head and the horn hooked my heart,
and the world magnified a greeting into love.

Wide meadows shot with a lemon light under the peaks,
the mineral glint of distant towns, the line of the plain
ending in the exclamation of a belfry!
Entering Lausanne, after the white ridges,
ochre scarps for a long while along the grey lake,
a lake so wide you could not see the other shore,
nor if souls walked along it, arms outstretched.
So many of them now on the other bank!

Then the old gentlemen at lunch in Lausanne
with suits of flawless cut, impeccable manners,
update of Rembrandt's *Syndics of the Drapers' Guild.*
I translated the pink, shaven faces of the Guild
to their dark-panelled and polished ancestry
of John the Baptist heads each borne on a saucer
of white lace, the loaded eyes, the thinning hair
over the white streaks of the foreheads, a syndicate
in which, far back, a negligible ancestor
might have been a member, greeting me
a product of his empire's miscegenation
in old Saint Martin. I could find no trace.
Built in huge gilt frames I sometimes found myself
loitering among the markets and canals;
but in Geneva though I felt hung and mounted
in sepia rooms with a glazed stare.
Immense and grey, with its invisible shore.
The weather sounded like its name: Lausanne.
Thought furred and felt like an alderman's collar,
a chocolate stick for the voracious fog.

entstammten beide der weißen Magie, und als sie erschien,
hob sie ihr Haupt und das Horn durchbohrte mein Herz,
und die Welt vergrößerte einen bloßen Gruß zur Liebe.

Zitronenlicht auf weiten Wiesen unter den Gipfeln,
der steinerne Schimmer ferner Städte, die Linie der Ebene,
die im Ausruf eines Glockenturms endet!
Vor Lausanne, nach den weißen Kämmen,
das Ocker der Böschungen am grauen See,
der See zu breit, um die andere Seite zu sehen
oder ob dort Seelen wanderten, mit offenen Armen.
So viele nun schon am anderen Ufer!

Dann die alten Herren beim Lunch in Lausanne,
maßgeschneiderte Kleidung, makellose Manieren,
ein Update von Rembrandts *Syndici der Tuchmachergilde.*
Ich übersetzte die rosigen, rasierten Gesichter der Gilde
in die dunkel polierte Ahnenreihe von Köpfen
Johannes des Täufers: ein jeder auf einer Schale
aus weißer Spitze, die ernsten Augen, das schüttere Haar
über den weißen Strichen der Stirnen, ein Syndikat
zu dem, vor langer Zeit, vielleicht
ein unbedeutender Ahne gehörte,
der mich als Produkt der Blutmischung seines Reichs
auf Saint Martin begrüßte. Doch ich fand keine Spur.
Ich fand mich hier und da in großen, goldenen Rahmen
auf Märkten und an Kanälen lungernd;
doch in Genf fühlte ich mich aufgehängt
in sepiabraunen Räumen, glasigen Blicks.
Riesengroß und grau, das Ufer unsichtbar.
Das Wetter klang so wie sein Name: Lausanne.
Gedanken pelzig wie ein Ratsherrenkragen,
ein Schokoladenstück für den gefräßigen Nebel.

Irradiating outwards from that grey lake,
that grey which is the hue of historical peace
Geneva was the colour of a statesman's hair,
silvery and elegant and with a statesman's conscience,
banks and furled flags above the banks, and shoes
mirrored and quiet in deep-piled carpets.
The velvet, soft transactions of the world.
Stipple of farmhouse and fields, foothills dissolving
to lilac, violet shadows in the ridged furrows,
a spire slowly spinning away into Italy.

Weit ausufernd von jenem grauen See,
dem Grau des Friedens der Geschichte,
glich Genf dem Silberhaar von einem Staatsmann,
hochelegant und mit staatsmännischem Gewissen,
Banken und Fahnen über den Banken und blanke
Schuhe, gedämpft von dickem Teppichflausch.
Die sanften, samtigen Geschäfte dieser Welt.
Getüpfel von Bauernhäusern und Feldern, die Hänge
verschwammen im Purpur, rotblaue Schatten in schrundigen Furchen,
ein Turm trudelte träge hinein nach Italien.

3

I

Blessed are the small farms conjugating Horace,
and the olive trees as twisted as Ovid's syntax,
Virgilian twilight on the hides of cattle
and the small turreted castles on the Tuscan slopes.
To live in another language with the swallow's wings:
chelidon beating over the rye, shadows on the barley,
between the peeling farms and the rusted poplars,
the bright air full of drunken insects,
the Pervigilium Veneris, Latin words leaping to life
as the train glides into dividing Florence.

Outside Firenze the hill offered itself,
erect-flame cypresses and an ochre castle
sepulchral towards evening, a star's first spark,
over the red-brown tiles of roofs through the olive grove,
dusk delicate as an old gentleman
with mottled hands and watery eyes, our host.
Diabetic, dying, my double.
And here again, a digit in Rome's bustle –
»Rome's bustle,« a phrase as casual as a cape
tossed over the shoulder of a dimming pilgrim
in an obscure, anonymous altar-piece.

Those serene soft mountains, those tacit gorges –
that was Abruzzi. I remembered Abruzzi
from *A Farewell to Arms*, with the soft young priest
who invites Frederic Henry there after the war,

3

I

Selig sind die kleinen Höfe, die Horaz konjugieren,
und die Olivenbäume, verdreht wie der Satzbau Ovids,
das Vergilische Zwielicht auf den Häuten der Rinder
und die kleinen, betürmten Burgen toskanischer Hänge.
In einer anderen Sprache leben, mit Schwalbenschwingen:
chelidon flattert über dem Roggen, Schatten über der Gerste,
zwischen den bröckelnden Höfen und brandigen Pappeln,
die helle Luft voll beschwipster Insekten,
das Pervigilium Veneris, Latein wird jählings lebendig
als der Zug hineingleitet ins geteilte Florenz.

Nach Firenze bot sich der Hügel selbst dar,
aufrecht geflammte Zypressen, eine ockerfarbene Burg
wie ein Grab am Abend, der erste Stern funkelte
hinterm Olivenhain über rotbraunen Ziegeln,
Dämmerlicht, hinfällig wie ein alter Herr
mit fleckigen Händen und wäßrigen Augen, unser Gastgeber.
Diabetiker, todkrank, mein Double.
Und auch hier: eine Ziffer in Roms Trubel –
»Roms Trubel«, eine Wendung, so leicht wie ein Umhang
über der Schulter eines verblichenen Pilgers
auf einem anonymen, obskuren Altarbild.

Jene heiteren, sanften Berge, jene schweigsamen Schluchten –
das waren die Abruzzen. Ich kannte sie aus
A Farewell to Arms, wohin der sanfte junge Priester
Frederic Henry einlädt, nach dem Krieg,

and perhaps Frederic Henry got there, whether or not,
here it was now, with small hill towns on the ridges,
where it could be infernally cold. The precise light
defined bright quarries. It looked incorruptible
as the faith of a young priest. Its paint still wet.
It spun past, saying, »You swore not to forget
fighting and the rattle of gunfire in the mountains.«
Gone, without echo: Only the tight fine towns,
church tower or spire, the steep rust roofs
revolving slowly past the carriage window.

We drove through the wet sunlight into Pescara.
Wind folded the deckchairs on the esplanade,
slamming them shut. A detached, striped umbrella
somersaulted over the sand. A dishrag sky.
Then the weak sunshine strengthened steadily
and colour came back into the sea's face.
The waitress moved among the afternoon tables
setting and straightening the dinner linen;
a girl with jet hair, black as her skirt, red mouth
and cheeks that were brightening now with the sun
and the drying sand. The sky grew Caribbean.
The breakers chumbling in from the Adriatic,
the folded beach umbrellas like a Chinese army
waiting for the drop of their Emperor's sword.
Through the dirty glass of the hotel in Pescara
a mixture of spume and grime, a quiet
like an armistice, the clink, like small weapons, of cutlery,
the rumours darkening like smoke over Albania,
the palms on the sea-front ceaselessly tossing,
the traffic with slow headlights inching through rain.
And O it was lovely coming through the mountains,
castles on the far crests, the flashing olives
and the halted infantry of the pines. All the wars

und vielleicht kam ja Frederic Henry dahin, egal,
da lagen sie, mit ihren Städtchen auf den Bergkämmen,
wo es höllisch kalt werden konnte. Helle Steinbrüche
umriß das präzise Licht. Sie wirkten so unbestechlich
wie der Glaube des jungen Priesters. Ihre Farbe noch naß.
Sie flogen vorbei und sagten: »Du hast geschworen, das Rattern
des Gewehrfeuers in den Bergen nicht zu vergessen.«
Vorbei, ohne Echo: nur die engen, hübschen Städtchen,
Kirchturm oder Bergfried, die steilen, rostroten Dächer
drehten sich langsam am Wagenfenster vorbei.

Im nassen Sonnenlicht fuhren wir nach Pescara hinein.
Krachend klappte der Wind auf der Promenade
die Liegestühle zusammen. Ein gestreifter Schirm
schlug Saltos über den Sand. Ein Wischlappenhimmel.
Dann kam die schwächliche Sonne wieder zu Kräften
und die Farbe kehrte zurück ins Gesicht der See.
Die Kellnerin ging zwischen den Tischen umher
und rückte die Servietten für den Abend gerade;
ein Mädchen mit tiefschwarzem Haar wie ihr Rock, mit rotem
Mund und Wangen, die sich nun mit dem trocknenden Sand
und der Sonne aufhellten. Der Himmel wurde karibisch.
Von der Adria nagten sich nun die Brecher heran,
wie chinesische Truppen warteten die geschlossenen
Strandschirme, daß ihr Herrscher sein Schwert fallen ließ.
Hinterm dreckigen Glas des Hotels in Pescara
ein Gemisch aus Gischt und Schmutz, eine Stille wie Waffenruhe,
das Klirren des Tischbestecks wie Handfeuerwaffen,
Gerüchte verfinsterten sich wie Rauch über Albanien,
unaufhörlich schwankten die Palmen der Seepromenade,
mit trägen Lichtern kroch der Verkehr durch den Regen.
Und ach, die Fahrt durch die Berge war herrlich,
Burgen auf fernen Kämmen, blitzende Ölbäume
und die rastende Infanterie der Kiefern. All die Kriege

were over or far away. But the young woman on the bus
past whose beauty the pines, the olives and the small castles swept
in the clarified window, and whose sadness I thought
was like a holiday resort-town in the rain,
the lights of her grey eyes like glistening traffic
whose name, she told me, was a mountain flower's
but one that was quite common in her country,
spoke softly as the drizzle on Pescara's shore-front
of Serbia and its sorrow, of the horrors she had seen
on the sidewalks of Kosovo, and how it was, all war,
the fault of the Jews. Yet she said it with calm eyes.
I learnt this later. I learnt it from the drizzle
and the car lights of Pescara lancing the dark
and the folded umbrellas, quiet as banners
of the long brown hair that bracketed her face.
Leon. Yehuda. Joseph. The war was their fault.
But it was lovely coming through the mountains
that they said were the Apennines when I asked their names.

II

The tidal motion of refugees, not the flight of wild geese,
the faces in freight cars, haggard and coal-eyed,
particularly the peaked stare of children,
the huge bundles crossing bridges, axles creaking
as if joints and bones were audible, the dark stain
spreading on maps whose shapes dissolve their frontiers
the way that corpses melt in a lime-pit or
the bright mulch of autumn is trampled into mud,
and the smoke of a cypress signals Sachsenhausen,
those without trains, without mules or horses,
those who have the rocking chair and the sewing machine
heaped on a human cart, a waggon without horses

waren vorbei oder fern. Doch die junge Frau im Bus,
an deren Schönheit die Kiefern, Ölbäume, Burgen vorüber-
flogen im geläuterten Fenster, und deren Kummer
mir vorkam wie ein Ferienort im Regen,
das Licht ihrer grauen Augen wie schimmernde Autos,
deren Name, wie sie mir sagte, der einer Bergblume war,
die freilich häufig vorkam in ihrem Land,
sprach sanft wie das Nieseln am Strand von Pescara
von Serbien und seinem Gram, vom Grauen, das sie
auf Kosovos Straßen erlebte und das, wie jeder Krieg,
die Schuld der Juden war. Doch das sagte sie ruhigen Blicks.
Ich erfuhr dies später. Ich erfuhr es vom Nieselregen
und den Autolichtern Pescaras, die das Dunkel aufschnitten,
und den geschlossenen Schirmen, still wie die Fahnen
des langen braunen Haars, das ihr Gesicht umrahmte.
Leon. Yehuda. Joseph. Der Krieg war ihre Schuld.
Aber die Fahrt durch die Berge war herrlich;
als ich fragte, sagten sie, das sei der Apennin.

II

Gezeitenstrom der Flüchtlinge, nicht der Flug der Wildgänse,
die Gesichter in Güterwaggons, hager und kohlenäugig,
ganz besonders das spitze Starren der Kinder,
über Brücken die riesigen Bündel, mit knarrenden Achsen, als wären
Gelenke und Knochen hörbar, der dunkle Fleck
wuchs auf Karten, deren Form die Grenzen auflösen
so wie Leichen in Kalkgruben schmelzen oder
der helle Mulch des Herbsts in den Schlamm getrampelt wird,
und der Rauch der Zypresse signalisiert Sachsenhausen;
die ohne Züge, ohne Maultiere oder Pferde,
die, die Schaukelstuhl und Nähmaschine
auf Menschenkarren türmen, auf Wagen ohne Pferde,

for horses have long since galloped out of their field
back to the mythology of mercy, back to the cone
of the orange steeple piercing clouds over the lindens
and the stone bells of Sunday over the cobbles,
those who rest their hands on the sides of the carts
as if they were the flanks of mules, and the women
with flint faces, with glazed cheekbones, with eyes
the colour of duck-ponds glazed over with ice,
for whom the year has only one season, one sky:
that of the rooks flapping like torn umbrellas,
all have been reduced into a common language,
the homeless, the province-less, to the incredible memory
of apples and clean streams, and the sound of milk
filling the summer churns, where are you from,
what was your district, I know that lake, I know the beer,
and its inns, I believed in its mountains,
now there is a monstrous map that is called Nowhere
and that is where we're all headed, behind it
there is a view called the Province of Mercy,
where the only government is that of the apples
and the only army the wide banners of barley
and its farms are simple, and that is the vision
that narrows in the irises and the dying
and the tired whom we leave in ditches
before they stiffen and their brows go cold
as the stones that have broken our shoes,
as the clouds that grow ashen so quickly after dawn
over palm and poplar, in the deceitful sunrise
of this, your new century.

denn die Pferde sind längst schon aus ihrem Feld gelaufen,
zurück zur Mythologie des Erbarmens, zum gelben Kegel
des Kirchturms, der die Wolken über den Linden durchbohrt,
und den steinernen Glocken des Sonntags über dem Pflaster;
die, deren Hände auf den Seiten der Karren ruhen
als ob es die Flanken von Maultieren wären, und die Frauen
mit Kieselsteinmienen, glasigen Wangenknochen,
mit Augen wie Ententeiche, mit Eis verglast,
für die es nur eine Jahreszeit, einen Himmel gibt:
den der Krähen, die flattern wie rissige Schirme,
sie alle wurden zu einer gemeinsamen Sprache verkleinert,
die ohne Heimat, ohne Provinz, zu unfaßbarem
Gedenken an Äpfel und klare Bäche, das Plätschern der Milch,
wenn sie im Sommer ins Butterfaß rinnt, woher kommst du,
welcher Bezirk, ich kenne den See, ich kenne das Bier,
und seine Wirtshäuser, ich glaubte an seine Berge,
jetzt gibt es nur eine greuliche Karte, die heißt Nirgendwo,
und dahin gehen wir alle, dahinter
sieht man die sogenannte Provinz des Erbarmens,
wo die Regierung nur aus Äpfeln besteht
und die Armee nur aus den breiten Bannern der Gerste
und ihre Höfe sind schlicht, das ist die Vision,
die sich verengt in der Iris, den Sterbenden
und den Erschöpften, die wir in Gräben zurücklassen
bevor sie erstarren und ihre Stirnen erkalten
wie die Steine, die unsere Schuhe zerstoßen
wie die Wolken, die so rasch aschfahl werden am Morgen
über Palme und Pappel, im trügerischen Aufgang
der Sonne von diesem, eurem neuen Jahrhundert.

III

O Serbian sibyl, prophetess
peering between your curtains of brown hair
(or these parentheses), if I were a Jew,
you'd see me shuffling on the cobblestones
of some unpronounceable city, you could watch
my body crumble, like the long, trembling ash
of a cigarette in the hand of a scholar
in a sidewalk restaurant, you beauty
who had the name of a common mountain flower
that hides in a cleft of the rocks
on the white-haired ridges of Albania.

IV

Among ragged palms and pastel balconies,
this miracle also happened in Pescara,
by accident, or by coincident stars.
In the hotel lobby of a forgotten name
as mine will be forgotten by another, I
who was reading a paperback of the life of Nora,
J. Joyce's wife, from which there is now a film,
with a photo of the actress on the cover,
a film at the film festival in that city
with its furrowed bay by a long esplanade,
met the black-haired Irish beauty playing her
and told her that and I showed her the book
to our mutual astonishment, also her friend's
another young Irishwoman with red hair,
her beauty's guardian, I guessed, and I made
of this something more; oracular
and fated, although all it meant

III

O serbische Sibylle, Prophetin,
die durch den Vorhang des braunen Haares lugt
(oder durch diese Klammern), wär ich ein Jude,
sähst du mich über das Pflaster einer unaussprechlichen
Stadt dahinschlurfen, du könntest sehen
wie mein Körper zerfällt, wie die lange, zitternde Asche
einer Zigarette in der Hand eines Gelehrten
in einem Straßenlokal, du Schöne
die den Namen einer einfachen Bergblume trug,
versteckt im Spalt der Felsen
auf den weißhaarigen Kämmen Albaniens.

IV

Unter den struppigen Palmen, pastellenen Balkons
geschah in Pescara auch dieses Wunder,
durch Zufall oder die Gunst der Sterne.
In der Halle eines Hotels, vergessen sein Name
wie meiner vergessen wird von einem andren,
traf ich, als ich ein Taschenbuch las über das Leben
von Nora, der Frau von J. Joyce, das man jetzt verfilmt,
mit einem Photo der Darstellerin auf dem Deckel,
ein Film auf dem Filmfest in jener Stadt
mit der gefurchten Bucht an langer Promenade,
die schwarze irische Schönheit, die sie spielte
und sagte ihr das, und ich zeigte ihr das Buch;
wir beide waren verwundert, auch ihre Freundin,
noch eine junge Irin, mit rotem Haar,
die Hüterin ihrer Schönheit, dachte ich,
und ich machte etwas mehr daraus; mit Orakel
und Schicksal, obwohl all das bloß besagte

was that we were both here at the festival,
but it was more. Perhaps. I liked to believe
that she was Nora, and not that I was Joyce,
but to be reading the paperback with her picture
in the basic, salty furniture of the lobby
while the seaside light made her skin manifest
with Irishness, with none of Nora's fairness
but with her accent, seemed to me a miracle
of which as evidence of that epiphany
while the rain stopped on the shining esplanade,
I have in her warm hand untouched by fame,
like the scrawl of seaweed on unprinted strand,
the lilting whisper of her signature.

daß wir beide hier auf dem Filmfest waren,
und doch war es mehr. Vielleicht. Ich wollte gern glauben
daß sie Nora war und ich nicht Joyce,
doch die Lektüre des Taschenbuchs mit ihrem Bild
in dem einfachen, salzigen Sessel der Halle
während das Licht von der See ihre Haut
fast handgreiflich irisch machte, ohne Noras Blässe
doch mit ihrem Akzent, erschien mir als Wunder
von dem mir zum Beweis jener Epiphanie,
als der Regen innehielt auf der gleißenden Promenade,
von ihrer warmen Hand, noch unberührt vom Ruhm,
wie das Gekritzel von Seegras auf unbedrucktem Strand,
das muntere Wispern ihrer Unterschrift geblieben ist.

4

I

O Genoan, I come as the last line of where you began,
to the port whose wharf holds long shadows and silence,
under the weeds of the prow, nodding and riding with
the wavering map of America. Droplets of oil
conjugate themselves into rainbows, the greased rag
blurs the portholes and the moorings sway
until Genoa glides past, a fog of spires
absorbing the gull's return. Hands close like wings
in the aisles of the cathedral. The palms close
and the psalms and the choir's O
widens and deepens in the wave's trough,
in the interminable metronome, grave and cradle,
until over the crest there is a fresher crest,
against preliminary reefs, the surf's exploding light!
Lice sing in the timber and the sponges open.

Seaside hotels with their salt balconies
whose iron flowers rust with artifice
facing the pompous, cavernous railway station
utilitarian monument of the Fascists;
down the serrated summer coast from Nice
to Genoa, the sea's tinfoil striations
are close to home. The cedar's agitation
repeats the rustling of reversible almonds,
the cheek warmed by a freshly ironed sky;
scent of scorched grass, and, through the limp leaves –
the Mediterranean doing its laundry.

4

I

O Genueser, als letzter der Linie, die in dir begann,
komm ich zum Hafen, seine Mole birgt lange Schatten
und Stille unter den Algen des Bugs, der sich hebt und senkt
auf Amerikas schwankender Karte. Tröpfchen von Öl
konjugieren sich zu Regenbögen, der fettige Lappen
verschmiert die Bullaugen und die Taue schaukeln,
bis Genua entgleitet, ein Nebel aus Türmen,
der die Rückkehr der Möwe verschluckt. Wie Flügel falten
sich Hände in den Schiffen des Doms. Die Palmen
und Psalmen falten sich, und das O des Chores
weitet und senkt sich im Wellentrog,
im unaufhörlichen Metronom, Grab und Wiege,
bis über dem Kamm ein neuer Kamm erscheint,
an vorläufigen Riffen, die Lichtexplosion der Brandung!
Läuse singen im Holz und die Schwämme gehen auf.

Strandhotels mit ihren salzigen Balkons,
deren Eisenblumen vor Künstlichkeit rosten
auf der anderen Seite der pompösen Bahnhofshöhle,
dem utilitaristischen Monument der Faschisten;
entlang der gezackten Sommerküste von Nizza
bis Genua wirkt die stanniolstreifige See
wohlvertraut. Die Erregung der Zeder
echot das Rascheln der wendigen Mandeln,
der frisch gebügelte Himmel wärmt die Wange;
Duft von verbranntem Gras, und hinter schlaffem Laub
erledigt das Mittelmeer seine Wäsche.

Then somewhere, from the window of your eye,
a flag lifts a corner of the afternoon,
as an iron swarm of Vespas hurtles by
and the Discoverer's statue fades round the turn.
All these remembered women melt into one,
when my small words, like sails, must leave their haven:
the cliffs of shoulders burnt brown by the sun,
and wild jet hair, the banner of the raven.

In Genoa I loved our balcony. Below me,
the white stone statue of the Admiral
kept quiet in the navigating traffic,
the open gate to the Mediterranean, the sea –
with the same swell that heaved the caravel's sigh
at the remorseful future that lay ahead –
in the stone-flagged park close to the railway station.
Conglomerate masonry, shaft-light on brick
in the old Quarter, squeaking pulleys
lifting the sails of laundry across the gulf
of inconsolable alleys, the pigeon's dandruff
powdering the hair and shoulders of creased statues
who forget what they were famous for –
the whitewashed Admiral also. There is no rest for
the insomnia of sculptures, the snow's nightmare,
the smell of history I carry in my clothes
like smoke, the smell of a washed street in Pescara,
the sun-on-stone smell of the hills of Tuscany,
flowers in the weed between the rocks, wild flowers
the train passing their hosannas on the slopes,
and the soul, in exile, sliding into its station –
into History, the Muse of shutters and cabinets,
past the closed cathedral of the gramophone.

Vom Fenster deines Auges hebt dann eine Fahne
irgendwo leicht ein Eckchen des Nachmittags an,
und ein eiserner Schwarm von Vespas rattert heran,
wo die Statue des Entdeckers um die Kurve entweicht.
All diese Frauen von früher verschmelzen in eins,
wenn meine Wörtchen wie Segel den Hafen verlassen haben:
die Klippen der Schultern, von der Sonne gebräunt,
und wildes, schwarzes Haar, das Banner des Raben.

Ich liebte unsern Balkon in Genua. Unter mir
bewahrte das weiße Standbild des Großadmirals
im kreuzenden Verkehr seine Ruhe,
das offene Tor zum Mittelmeer, die See –
die gleiche Dünung ließ die Karavelle seufzen
über die reuige Zukunft, die vor ihr lag –
im steinplattengrauen Park unweit vom Bahnhof.
Zusammengewürfeltes Mauerwerk, Lichtsäule auf Backstein
im alten Viertel, quietschende Flaschenzüge
hißten die Segel der Wäsche über den Schlund
untröstlicher Gassen, die Schuppen der Tauben
bestäubten das Haar und die Schultern faltiger Standbilder,
die nicht mehr wissen, wofür sie berühmt sind –
auch der weißgetünchte Großadmiral. Es gibt keine Ruhe
für die Schlaflosigkeit von Skulpturen, den Alptraum des Schnees,
den Geruch der Geschichte, den ich in den Kleidern trage
wie Rauch, den Geruch einer gewaschenen Straße Pescaras,
den Geruch der Sonne-auf-Stein an toskanischen Hügeln,
für Blumen im Unkraut zwischen den Felsen, Wildblumen,
deren Hosannas der Zug an den Hängen passiert,
und für die Seele, die in der Fremde in ihr Depot gleitet –
in die Historie, die Muse der Schränke und Rolläden,
hinterm geschlossenen Dom des Grammophons.

II

Envy of statues; this is how it grew:
every day in Milan, en route to class,
I passed my rigid, immortal friend, the General,
on his morose green horse, still there on weekends.
The wars were over but he would not dismount.
Had he died, catapulted in some charge
in some euphonious battle? The bronze charger
was lathered, streaked with sweat, in the summer sun.
We had no such memorials on the island.
Our only cavalry were the charging waves,
pluming with spume, and tossing plunging necks.
Who knows what war he fought in and whose shot
tumbled his whinnying steed? Envy of fountains.
Poor hero on his island in the swirl of traffic,
denied the solace of an umbrageous linden
or chestnut with bright medals through its leaves.
Envy of columns. Calm. Envy of bells.
Peace widened the Sunday avenue in Milan.

Left-handed light at morning on the square,
the Duomo with long shadows where clamouring bells
shake exaltation from blue, virginal air,
squaring off corners, de Chirico parallels –
and where the soundlessly snorting, big-balled horse
whose head, lowered and drooping, means the death
of its rider, holds a far longer breath, longer
than ours in our traffic island.
The widening love of Italy growing stronger
against my will with sunlight in Milan…
For we still expect presences, no matter where –
to sit again at a table watching the luminous clatter
of the great mall in Milan; there! was that him,

II

Neid auf Standbilder; so wuchs er an:
In Mailand passierte ich jeden Tag auf dem Weg
zur Uni meinen starren, unsterblichen Freund, den General,
auf seinem mürrischen, grünen Pferd, auch am Wochenende.
Die Kriege waren vorbei, doch er stieg nicht ab.
War er gefallen, zerschmettert in der Attacke
einer klangvollen Schlacht? Das bronzene Roß
troff und schäumte vor Schweiß in der Sommersonne.
Auf der Insel hatten wir solche Denkmale nicht.
Unsere einzige Kavallerie war die stürmende Brandung
mit Gischtfederbusch und aufgeworfenem Hals.
Wer weiß, in welchem Krieg er kämpfte, wessen Schuß
seinen wiehernden Hengst umwarf? Neid auf Brunnen.
Elender Held auf der Insel im Wirbel des Verkehrs,
ohne den Trost einer schattenspendenden Linde
oder Kastanie mit leuchtenden Orden zwischen den Blättern.
Neid auf Säulen. Ruhe. Neid auf Glocken.
Frieden machte die Sonntagsallee in Mailand weit.

Linkshändiges Morgenlicht auf dem Platz,
der Dom mit langen Schatten, wo lautstarke Glocken
Jubel schütteln aus jungfräulich blauer Luft
sich messen mit de Chiricos Parallelen und Ecken –
und wo das lautlos schnaubende Roß mit den großen Hoden,
dessen tief hängender Kopf den Tod des Reiters
bedeutet, einen ungleich viel längeren Atem hat
als wir auf unserer Verkehrsinsel.
Gegen meinen Willen wächst die Liebe
zu Italien mit dem Sonnenlicht in Mailand.
Denn noch immer erwarten wir Anwesenheiten, ganz egal wo –
wieder am Tisch zu sitzen, im leuchtenden Lärm
der großen Passage von Mailand; da! War er das?

Joseph in an olive raincoat, like a leaf
on a clear stream with a crowd of leaves
from the edge to the centre and sinking into them?

III

Absence's emblem, the solid spectre of your grief,
yes, you can still see his tonsure, his ascetic halo,
till somewhere bars it, a hat or a sign, then
the mall fills with phantoms serenely hurrying
to the same exit the arched doorways of a sunlight
almost celestial, I silently shout their names
but I am inaudible, to them, since they outnumber me,
to them I am the phantom and they are the real ones,
their names still claiming them over the noise
of waiters clearing the tables of their possessions,
of the crumbs of bread and the glasses of recent blood
still clouded with their one breath, the breath
that I too will leave in a water-glass to condense
when I join them following the pale tonsure
of a moon that fades into the glare of the dawn
outside the intricate and immense cathedral
and our terrestrial traffic; the changing light.
Within the circumference of the cathedral
and its immense and bustling piazza
and a long mall of cafés and shops, I saw him,
because I needed to; because a lengthening absence
requires its apparition, lost, then returned again
by the frothing crowd, I was not ready
for the stone-webbed and incantation-hallowed
intricacies of the altars, an architecture
like frozen fury, demanding a surrendering awe.

Joseph, im olivgrünen Mantel, wie ein Blatt,
das im klaren Bach mit der Menge der Blätter vom Rand
zur Mitte treibt, in ihnen versinkt?

III

Sinnbild der Abwesenheit, das feste Gespenst deines Kummers,
ja, noch siehst du seine Tonsur, seinen Heiligenschein,
bis ihn etwas verdeckt, ein Hut oder Schild, dann füllt
sich die Passage mit Schemen, gelassen hasten sie
zum selben Ausgang, den Torbögen eines beinah
himmlischen Sonnenlichts, ich rufe sie schweigend beim Namen
doch bin ich unhörbar für sie, sie sind zu viele,
für sie bin ich der Schemen und sie sind real,
ihre Namen halten sie fest, trotz des Lärms
der Kellner, die ihr Eigentum von den Tischen räumen,
die Brotkrumen, die Gläser noch frisch vom Blut,
noch behaucht von ihrem eigenen Atem, dem Atem,
den auch ich im Wasserglas kondensieren lasse
wenn ich gehe, um der blassen Tonsur des Mondes
zu folgen, die im grellen Morgenlicht schwindet
vor der riesigen und verwirrenden Kathedrale
und dem Verkehr unserer Erde; dem wechselnden Licht.
Im engen Umkreis der Kathedrale
und ihrer riesigen und geschäftigen Piazza
und einer Reihe Cafés und Läden sah ich ihn,
weil ich es brauchte; weil eine längere Abwesenheit
ihre Erscheinung erfordert, verloren, dann zurückerstattet
von der schäumenden Menge; ich war noch nicht bereit
für die Steingespinste, die zauberformelgeweihten
Verwirrungen der Altäre, eine Architektur
wie gefrorene Wut, die ergebene Ehrfurcht erzwingt.

IV

I wanted to be able to write: »There is nothing like it,
to walk down the Via Veneto before sunrise.«
And now, you think: he is going to describe it.
I am going to describe the benediction of June,
the grey cool spring air, its edges at *prima luce*,
too early for coffee from the hotel
and from the locked grids of last night's cafés,
the dew as wet as Pescara's the year before,
and the canvas umbrellas folded in their scabbards,
the reason being the difference in travel-time,
the difference being the night clerk yawning at the end
of his vigil, and the surly, early waiter,
then the long, unechoing empty street
that isn't as quiet as he had imagined,
with traffic building, the spiky palms
outside the American Embassy and two policemen
because of the threat of terrorists, the huge trees
against the pale buildings, the banks and arches
with their dirty flags; the lights still on
on certain buildings as the widening light
palely washed their facades, but the stillness
exactly like Gros Ilet's, the sea and the village,
if not the vermilion buses under the trees
their lights still on, there, here it comes, the light
out of pearl, out of Piero della Francesca,
(you could tell he would mention a painter),
then slowly the whole fresco with the spring's gold
on Ministero del Lavoro e delle Politiche Sociali
at whose gate a man came out and examined me
as I copied the name down, a bald young man
in an orange windbreaker who scowled
because of my colour and the terrorists,

IV

Ich wollte schreiben können: »Nichts kommt dem gleich,
vor Sonnenaufgang die Via Veneto hinunterzugehen.«
Und jetzt, so denkt ihr, wird er's beschreiben.
Ich werde den Segen des Juni beschreiben,
die graukühle Frühlingsluft, ihre Umrisse in *prima luce*,
noch zu früh für Kaffee im Hotel
und den gitterbewehrten Cafés vom vorigen Abend,
der Tau so feucht wie in Pescara ein Jahr zuvor,
die Leinwandschirme noch eingerollt in den Hüllen,
der Grund liegt im Unterschied der Reisezeit,
im Gähnen des Nachtportiers am Ende der Schicht
und in dem knurrigen Kellner des Frühdiensts,
dann in der langen, leeren, echolosen Straße,
die nicht so still ist, wie er es sich vorgestellt hatte,
da der Verkehr anwächst, in den stachligen Palmen
vor der amerikanischen Botschaft, den zwei Polizisten,
wegen der Terrorgefahr, den riesigen Bäumen
vor den blassen Gebäuden, den Banken und Bögen
mit ihren schmutzigen Fahnen; noch brannten die Lampen
gewisser Gebäude, als das breiter werdende Licht
ihre blassen Fassaden wusch, doch die Stille glich
genau der von Gros Ilet, der See und dem Dorf,
nur nicht die zinnoberroten Busse unter den Bäumen
mit ihren Lichtern, da, hier kommt es, das Licht
aus Perlmutt, aus Piero della Francesca,
(ihr habt's gewußt, er nennt einen Maler),
dann, langsam, das ganze Fresko mit dem Gold des Frühlings
auf dem Ministero del Lavoro e delle Politiche Sociali
aus dessen Tor ein Mann kam und mich musterte
als ich den Namen notierte, ein junger Kahlkopf
in orangegelber Windjacke, mit finsterer Miene
wegen der Terroristen und meiner Farbe

and because my village was unimportantly beautiful
unlike his city and the Via Veneto,
its curved facades gamboge and ochre, grey stone,
the unnamed trees forming a gentle tunnel
over the buses, their lamps now out, vermilion, orange,
and what was missing was the smell of the sea
in the early morning on the small embankment,
but the palms as still in the dawn's docile tissue
Bus No. 63 L 90 Pugliese
whereas no echo in the name Gros Ilet,
no literature, no history, at least until now.
Bus 116, lights on. On the Via Veneto.
Glides, like a fish, softly, or a turning leaf.
I lived in two villages: Greenwich and Gros Ilet,
and loved both almost equally. One had the sea,
grey morning light along the waking water,
the other a great river, and if they asked
what country I was from I'd say, »The light
of that tree-lined sunrise down the Via Veneto.«

und weil mein Dorf bedeutungslos schön war,
anders als seine Stadt und die Via Veneto,
grauer Stein und kurvige, ockergelbe Fassaden,
der sanfte Tunnel namenloser Bäume
über den Bussen, rot und orange, jetzt ohne Lichter,
und was fehlte, war der Geruch der See
frühmorgens am schmalen Damm,
doch still waren die Palmen im fügsamen Dämmergewebe
Bus Nr. 63 L 90 Pugliese
kein Echo jedoch im Namen Gros Ilet,
keine Literatur, keine Geschichte, zumindest bis jetzt.
Bus 116, Licht an. Auf der Via Veneto.
Gleitet, sanft, wie ein Fisch, oder ein farbiges Blatt.
In zwei Dörfern habe ich gelebt: Greenwich und Gros Ilet,
und beide beinah gleich geliebt. Eins hatte die See,
graues Morgenlicht am erwachenden Wasser,
das andere den großen Fluß, und wenn sie mich fragen
aus welchem Land ich komme, würde ich sagen: »Aus dem Licht
der baumgesäumten Morgensonne der Via Veneto.«

5

I

You did not venture far from your hotel.
Prodigal, in your untethered pilgrimage,
your shadow was your tutor and your guide;
your gaze was as immediate and real
as a concrete culvert or a plate-glass store
and the crowd, contemporary and simply urgent,
looked at every city through a filter
of dishevelled sepia sketches, visual echoes,
arches and washerwomen by an ex-aqueduct,
Corot or Guardi, your shadow was a footnote
in some boulevard's infinite paragraph
with names, fountains and plaques –
from the glittering linen tables set before dinner
there came the memory of this afternoon sea,
creased, but as blinding. Fog blurred the windows,
and a canal minted its coins. My heart
was available for a reasonable price.
The waiters rubbing glasses like the fog.
All seemed to know this. They avoided my eyes.
They were very preoccupied. The lights came on.
Petals were lit down the long boulevards.
As an orange disk drops in the violet sea
that a canoe crosses as the candles bud
in their glass cases, your shadow grows enormous.

Come down the stairs into Montale,
come past the balustrade into Machado,

5

I

Du wagtest dich nicht weit weg vom Hotel.
In deiner freien Pilgerschaft, verlorener Sohn,
da leitete und lehrte dich dein Schatten;
dein Blick war so real und unvermittelt
wie ein Betonrohr oder Glasgeschäft
und die Menschenmenge, zeitgemäß und eilig,
besah sich jede Stadt durch den Filter zerzauster
Skizzen in Sepiabraun, sichtbarer Echos,
Bögen und Waschfrauen am einstigen Aquädukt,
Corot oder Guardi, dein Schatten war eine Fußnote
im Absatz eines unendlichen Boulevards
von Namen, Gedenktafeln, Brunnen –
die gleißenden Tischtücher des Speiseraums
erinnerten an die nachmittägliche See,
zerknittert, doch ebenso blendend. Nebel verhüllte die Fenster,
und ein Kanal schlug seine Münzen. Mein Herz
gab's zu einem vernünftigen Preis.
Wie der Nebel rieben die Kellner die Gläser.
Alle wußten es wohl. Sie sahen mir nicht in die Augen.
Sie waren sehr beschäftigt. Die Lichter gingen an.
An den Boulevards wurden die Blüten entzündet.
Eine orange Scheibe sinkt in die rotblaue See,
die ein Kanu überquert, die Kerzen blühen
in ihren Gläsern, und riesenhaft wächst dein Schatten.

Steig die Hoteltreppe hinunter bis zu Montale,
bis zu Machado, hinter der Balustrade,

let Quevedo be in the red cushions in the foyer
and Goya in the false gold of the picture-frames
and outside, in the separations of sunlight,
stand by yourself, unreal in either world.
Since, perhaps soon, these pages must be closed,
forgive us our treacheries, so lightly lost!

The Alps receding in the blue irises
of Ilse, the water folding itself in braids
behind Roberta's hair in the Grand Canal,
the startled eyebrows of gentle Esperanza
like sparrows lifting from the cobbles in Alcalá,
and astonished aqueducts, and breakfast linen.
We read, we travel, we become.
To enter class was like entering a gallery;
instead of walls of institutional concrete
set every head against a painted vault
with every hair alert with smoothness, place Laura's
with heavy-lidded, stone-grey eyes, brown Isabella's
with the tan of a wild wood-nymph, imagine
the lids of Leda closing for the rattle of the swan's wings,
like Isabella's, the older one, set Roberta's
lips parted in perpetual annunciation,
and give each one her painter, her appointment.

All those beauties, Paola, Sandra, Roberta,
are centuries old; they have inherited the silks,
taffeta and precious stones, the smoothed velvet
of heavy eyelids and the golden furze
along a forearm, immortal models
of those framed miracles of portraiture
and their invisible strokes, this one
with the Botticellian cheekbones, that one
with the gaze of the ferret-stroking girl

laß Quevedo in den roten Kissen des Foyers
und Goya im falschen Gold der Bilderrahmen
und draußen, in den Sonderungen des Sonnenlichts,
steh für dich allein, unwirklich in beiden Welten.
Diese Seiten werden vielleicht schon bald geschlossen,
daher vergib uns die Täuschungen, die wir so leichthin vergessen!

Die Alpen entschwinden auf der blauen Iris
von Ilse, das Wasser, es flicht sich in Zöpfen
hinter Robertas Haar im Canal Grande,
die scheuen Brauen der sanften Esperanza
flattern wie Spatzen von Alcalás Kopfsteinpflaster,
erstaunten Aquädukten und Frühstückstischtüchern.
Wir lesen, wir reisen, wir sind im Werden.
Den Seminarraum betrat ich wie eine Galerie;
nicht vor die Wände aus Anstaltsbeton,
sondern vor ausgemalte Gewölbe plazier ihre Köpfe,
jedes Haar hellwach vor Glätte, Lauras Kopf
mit schweren Lidern, steingrauen Augen, Isabellas
mit dem Teint einer wilden Waldnymphe, denk dir Ledas
Lider geschlossen beim Rauschen der Schwingen des Schwans
wie die Isabellas, der älteren, öffne die Lippen
Robertas in dauerhafter Verkündigung,
und jeder gib ihren Maler, ihre Bestimmung.

All diese Schönheiten, Paola, Sandra, Roberta,
sind Jahrhunderte alt; sie haben die Seide, den Taft,
die Edelsteine ererbt, den geglätteten Samt
schwerer Lider und den goldenen Flaum
am Unterarm, unsterbliche Vorbilder
all der gerahmten Wunder der Porträtkunst
und ihrer unsichtbaren Striche, diese da
mit den Botticellischen Wangenknochen, jene
mit der Miene von Leonardos frettchen-

by Leonardo, and she of the seamless brow
of plaster by the master from Urbino,
as if each in turn had stepped down from a wall
through an arched doorway into an ageless light
enlivened by the wind in blouse and jeans.
Still there were some irreconcilable things,
such as an implacable lust that came with age –
as a dirty old man leering at young things
in the name of their common, aye, common, craft,
an old white egret beating priapic wings
from a sunlit stand of reeds to a still pond,
the pivot of its slowly widening rings.
Irises in which I am never found.

II

It is only afterwards that these things are ours:
An aria, then a piano, practising scales.
A stab in the heart, the cheese-coloured walls
of Parma, the small square, the opera-house,
and the walls of stone farmhouses gliding past us
on some immortal Sunday, and the hay rolled up in bales
between the long poplars and the sun-dried pastures
and the furled umbrellas of the cypresses,
scenes ending in soft nods, in silent yesses.
Complete possession. And Europe?
Surrender it as the waves render the idea
of opera and the ochre walls of Parma;
or flags fluttering on the Boulevard du N'importe Quoi,
or the gate in a hedge that opens into England,
or let it claim what's half, at least, its own
from illegitimate or legitimate blood,
a Shylock muttering among the canals

streichelndem Mädchen und die mit der glatten Stirn
aus Gips des Meisters von Urbino,
so als wär eine jede von einer Wand gestiegen
durch einen Torbogen ins zeitlose Licht
beseelt vom Wind in Bluse und Jeans.
Aber einiges blieb damit unvereinbar,
zum Beispiel die unversöhnliche Wollust des Alters –
ein schmuddliger Greis, schielend nach jungen Dingern
im Namen ihres gemeinsamen, ja gemeinen Handwerks,
ein alter Silberreiher, der mit Priapusschwingen
zum stillen Teich fliegt aus den sonnigen Binsen,
dem Drehpunkt von langsam wachsenden Ringen.
In ihrer Iris wird man mich niemals finden.

II

Erst später gehören all diese Dinge uns:
Eine Arie, dann ein Klavier, das Tonleitern übt.
Ein Stich ins Herz, die käsigen Mauern
von Parma, der kleine Platz, das Opernhaus
und die Steinmauern der Höfe, die wir passieren
an einem unsterblichen Sonntag, und das Heu, zu Ballen gerollt,
zwischen hohen Pappeln und sonnengedörrten Wiesen
und die eingerollten Schirme jener Zypressen,
Szenen, die im Nicken, im stillen Ja verblassen.
Vollendeter Besitz. Und Europa?
Gib es her, wie die Wellen die Idee der Oper
und der ockerfarbenen Mauern von Parma ergeben;
oder weit flatternde Fahnen am Boulevard du N'importe Quoi,
oder das Gatter der Hecke, das sich nach England hin öffnet,
oder laß es fordern, was ihm wenigstens halb gehört,
von ehelicher Abkunft oder auch nicht,
einen murmelnden Shylock an den Kanälen

or the gilded Moor, from the harp-shaped willows
on the oily canals of Amsterdam
and that white house between the German lindens
that folded your spectre like an envelope,
or if, carried on a black charger of starched lace,
a young blackamoor brought in my ancestor's head
to the orange-fleshed burghers of the Draper's Guild
at that luncheon in Lausanne.

III

After the museums and the sunlit streets,
and after the awning with is uniformed porters
and the excessive solicitude of the concierge,
in all that completion there is still an emptiness,
for all the trees and shadows outside the Prado,
an emptiness that is echoed in the soft eyes
of the surrendering general at Breda.
This lesson was bequeathed me by Velázquez
in the casual sanctity of the Prado –
there is its nadir, *The Surrender of Breda* –
in the defeated general's face, its creased smile,
the damp gaze with such compassion for the victor
before the yielding tilt of the lances –
a gentle ecstasy, a mortal sweetness,
the deeper truth of failure, deeper than triumph.
In concentration on the strokes of a face,
a creased musician shaking a shac-shac,
the flesh no flesh but khaki, all afternoon
reworking the frown, the wrinkles, in country delight
but your small gift fading over the hills, receding,
and your own eyes acquiring the surrender
of a brush or a sword or a pen reversed

oder den güldenen Mohr, von den harfenförmigen Weiden
an den öligen Grachten von Amsterdam
und vom weißen Haus zwischen den deutschen Linden,
das dein Gespenst umhüllte wie ein Kuvert,
oder als trüge ein junger Mohr auf schwarzem Tablett
mit gestärkten Spitzen den Kopf meines Ahns herein
zu den orangefleischigen Bürgern der Tuchmachergilde
bei jenem Lunch in Lausanne.

III

Nach den Museen und den sonnigen Straßen
und der Markise mit den livrierten Portiers
und der maßlosen Fürsorglichkeit der Concierge
liegt doch eine Leere in all der Vollendung,
trotz all der Bäume und Schatten vor den Mauern des Prado,
eine Leere, die widerhallt in den sanften Augen
des sich ergebenden Generals bei Breda.
Velázquez vererbte mir diese Lektion
in der lässigen Heiligkeit des Prado –
das ist ihr Tiefpunkt: *Die Übergabe von Breda* –
im Gesicht des besiegten Generals, seinem faltigen Lächeln,
dem feuchten, mitleidigen Blick für den Sieger
vor den sich nachgiebig neigenden Lanzen –
eine sanfte Verzückung, eine sterbliche Anmut,
die tiefere Wahrheit des Scheiterns, tiefer als der Triumph.
Konzentriert auf die Pinselstriche an einem Gesicht,
einem faltigen Musiker mit einem Shac-Shac,
das Fleisch nicht Fleisch, sondern Khaki, den ganzen Nachmittag
Mühe und Arbeit an Runzeln und Fältchen in ländlicher Lust,
und doch entschwindet dein kleines Talent über die Hügel,
und deine eigenen Augen erlernen die Übergabe
eines umgedrehten Pinsels, Schwerts oder Stifts

before the tilted lances in the dusk of despair.
In your ambitious, pompous panel of a country fete,
work on those minuscule extra figures. They too have lives.
Meanwhile, on the high corner of the fresco, look –
on some obscure hill, with the size of beetles,
their pincers with the far ferocity of lances
their shield, their armour catching the golden dusk
another battle is waging its own business,
inaudible and tiny, negligible;
those little figures, their separate narrative
away from but parallel to the centre
where the monumental clangour is in progress
or rather in its postural, hieratic stasis.

We fill the same perspective, Mantegna, Uccello, Signorelli,
in the central mass and meaning of the world,
in the sunlit margins with our little states,
our insect anger, our tiny flags and lances.
These are not yours, by either inheritance –
all the great vaults, the populous rotundas,
gigantic saints in their arrested rhetoric,
in the riven sky, the fabric the sky-bolt sunders
in the unending exodus of the Flood.

IV

Pray for the depiction of taffeta
how it proceeds from softness to softness,
rustling pliancy, the holes in lace,
instead, an awkwardness that is close to laughter,
or the eye leaves it too quickly, its disgrace,
requiring more and more strength, more and more prayer,
pray at the border of the sweetness of despair –

vor den geneigten Lanzen im Dämmerlicht der Verzweiflung.
Müh dich im ehrgeizig-prächtigen Bild eines Fests auf dem Lande
mit den winzigen Randfiguren. Auch sie haben ein Leben.
Derweil – da, in der oberen Ecke des Freskos –
betreibt auf einem obskuren Hügel, in Käfergröße,
ihre Zangen mit der weithin schattenden Schärfe von Lanzen,
ihr Panzer, ihr Harnisch golden im Abendschimmer,
eine andere Schlacht ihr eigenes Kriegsgeschäft,
unhörbar und winzig, bedeutungslos,
jene Figürchen, ihre separate Erzählung spielt
entfernt vom und doch parallel zum Zentrum
wo das monumentale Getöse im Gang ist –
oder vielmehr erstarrt in seiner hieratischen Pose.

Wir füllen den gleichen Ausblick, Mantegna, Uccello, Signorelli,
im Zentrum von Summe und Sinn dieser Welt,
an den sonnigen Rändern mit unseren Kleinstaaten,
unsrer Insektenwut, den winzigen Fahnen und Lanzen.
Keines der beiden Erbteile hat dir diese vermacht –
all die großen Gewölbe, die volkreichen Kuppeln,
die gigantischen Heiligen in erstarrter Rhetorik,
im zerrissenen Himmel, dessen Gefüge der Blitz
zertrennt im endlosen Exodus der Sintflut.

IV

Bete um den gelungenen Anblick von Taft,
wie er sich fortsetzt, weicher und weicher,
raschelnde Schmiegsamkeit, geklöppelte Löcher,
statt dessen: etwas Plumpes, beinah schon lachhaft,
oder das Auge meidet zu rasch seine Schande,
es braucht noch mehr Gebete, noch mehr Kraft,
bete am Rand der anmutig süßen Verzweiflung –

its obscure grace.
Cotton-wool hair and a mahogany face.
What does it take? You know what it must take.
It takes three hundred years.
No. Go back further, to Cimabue and Crivelli,
to a frieze of announcing angels with gold-crusted nimbuses.
Today it will either totter into life,
stagger and erect itself, as a calf its own easel,
in the level morning light, today it will smell
grass and dung and the foam, wild around the rocks,
or again it will be stillborn,
cotton-wool hair and mahogany face.
And no smile of encouragement from della Francesca,
from Velázquez, from Vermeer, from grouching Degas.
Even the white foam, dead.
And what is that symbol of the sword reversed,
the pen, or pencil, their magic staff returned,
but your own soul to Europe, to the stirring lindens
and bent chimney smoke? Conquest and debt.
The muttering grey canals of Amsterdam.

Narrative originates in the heart, time's
pendulum and apostrophe, until the heart's scales
are swung to a standstill, to a breathing balance,
a light meridian of the hemispheres –
saying to the sea and Europe, »Here I am,«
division swayed by justice, poetry
unbiased to an absolute pivot, that is my sword's
surrendering victory over myself, my better halves.

ihrer obskuren Gnade.
Mahagonigesicht und Wattehaar.
Was braucht es? Du weißt, was es unbedingt braucht.
Es braucht dreihundert Jahre.
Nein. Geh weiter zurück, zu Cimabue und Crivelli,
zum Fries der Verkündigungsengel mit goldverkrustetem Nimbus.
Entweder es stolpert heute ins Leben hinein,
richtet sich torkelnd auf, wie ein Kalb seine Staffelei,
im waagerechten Morgenlicht, und wittert heute
Gras und Dung und den wilden Schaum zwischen den Felsen,
oder es kommt wieder tot zur Welt,
Mahagonigesicht und Wattehaar.
Und kein aufmunterndes Lächeln von della Francesca,
von Velázquez, von Vermeer, vom Nörgler Degas.
Sogar der weiße Schaum: tot.
Und was sonst bedeutet das umgedrehte Schwert,
die Feder, der Stift, der Zauberstab als deine
Europa, den raschelnden Linden, dem krummen Rauch der Kamine
zurückgegebene Seele? Eroberung und Schuld.
Die murmelnden grauen Grachten von Amsterdam.

Das Erzählen beginnt im Herzen, dem Apostroph
und Pendel der Zeit, bis die Schalen des Herzens
zum Stillstand kommen, zur atmenden Waage werden,
ein leichter Meridian der Hemisphären –
der zur See und zu Europa spricht: »Hier bin ich«,
Teilung justiert durch Gerechtigkeit, Poesie
parteilos bis zum reinen Drehpunkt, das ist die Ergebung
im Sieg meines Schwertes über mich selbst, meine besseren Hälften.

6

I

To go to Germany for the beautiful phrase
unter den Linden, which, like a branch in sunshine,
means, »without History, under the linden trees,«
without the broken crucifixes of swastikas,
with the swathe of summer, green hillocks and red roofs,
through rusted pines, the village of her girlhood,
of braids and chocolate, and yet there is guilt
in all that green. Still, History is healing,
and charity is its scar, it carapace.
They do not live in life, they inhabit their fiction,
those with names like novels, especially the Russians
who had the narrow faces of academic drawings
whose features concealed intractable sorrow
so that, since they were fiction, their deaths were okay
and the dust powdering their streets and the massacres
that would grow famous and look for an index
in which they could be shelved; after all,
there was no greater fate than to be a footnote
in the immense encyclopedia of barbarism,
that remains unappeased by barges rocking
on a famous embankment to the silent screeching
of concrete gargoyles and the dumb panic of flowers.
Parks named for kings. Gates closed against envy.

6

I

Nach Deutschland gehen, wegen der schönen Wendung
unter den Linden, die, wie ein Ast in der Sonne,
meint: »ohne Historie, unter den Lindenbäumen«,
ohne die zerbrochenen Kruzifixe der Hakenkreuze,
nur die Schneise des Sommers, grüne Hügel und rote Dächer,
hinter brandigen Kiefern das Dorf ihrer Jugend,
Schokolade und Zöpfe, und doch ist da Schuld
in all diesem Grün. Immerhin, die Historie verheilt,
und ihr Schorf, ihr Schild ist die Nächstenliebe.
Sie leben nicht im Leben, sie hausen in ihrer Dichtung,
mit Namen wie Romane, besonders die Russen
mit den schmalen Gesichtern akademischer Skizzen,
und ihre Züge verbargen unheilbare Trauer
so daß ihr Tod, denn sie waren ja Dichtung, in Ordnung ging
wie der pudrige Staub ihrer Straßen und die Massaker
die berühmt und nach einer Tabelle verlangen würden
in der man sie ablegen konnte; es gab ja schließlich
kein größeres Los, als eine Fußnote zu sein
im riesigen Lexikon der Barbarei,
das wird nie beschwichtigt von schwankenden Kähnen
an einem berühmten Ufer, umgeben vom schweigenden Kreischen
steinerner Wasserspeier und der stummen Panik von Blumen.
Parks, benannt nach Königen. Tore für Neider geschlossen.

II

White walls set back amidst a mutter of birches
the house kept its cold secret – it had been
a cultural outpost in the old regime,
when the East was a colony of Russia.
But there was no partition in the sunshine
of the small rusty garden that a crow
crossed with no permit; instead, the folded echo
of interrogation, of conspiracy,
surrounded it, although its open windows
were steamed envelopes. This was another empire,
though a cold, not a hot one, and its relic
still gave me the November shudder. The shadow
of a cane-factory wheel shed by the pines
grew on the rough lawn. I sat on a plank bench
by the wooden table and listened to the sound
of papers being shuffled by an inquiry
into the parasitism of poetry by the dry-lipped leaves.
Then through the thinned trees I saw a wraith
of smoke, which I believed came from the house,
but every smoker carries his own wreath;
then I saw that this moving wreath was yours.
Another empire was finished. This time, Russia's.
Between the sighs of leaves shone the bones of birches.
I imagined your phantom in the alders, listening,
or, as the green phrase went: *unter den Linden.*
For History here is the covering-over of corpses,
not only in trenches of quicklime, but also
the dandruff of pigeon-drops in stone-wigs of statues
composing minuets in the open, scoring sparrow-notes
on the page of a cloud, the flecks of blossom
on enamelled meadows the pages of spring,
a fusillade of skylarks in the smoking sky

II

Weiße Mauern, versteckt im Birkengemurmel,
das Haus bewahrt sein kaltes Geheimnis – einstiger
Vorposten der Kultur unter dem alten Regime,
als der Osten noch eine russische Kolonie war.
Doch es gab keine trennende Mauer im Sonnenlicht
des kleinen, rostbraunen Gärtchens, das eine Krähe
ohne Visum kreuzte; nur das gefaltete Echo
von Verhören, von Verschwörung,
umgab es, doch seine offenen Fenster waren
mit Dampf behauchte Kuverts. Dies war ein anderes Reich,
freilich ein kaltes, kein heißes, und sein Überrest
ließ mich frösteln wie im November. Der Schatten des Schwungrads
einer Zuckerrohrfabrik, den die Kiefern warfen,
wuchs überm struppigen Rasen. Ich saß auf einer Bank
am Holztisch und lauschte dem Geraschel der Seiten,
die das Laub mit spröden Lippen umherschob in dem Verfahren
gegen das Schmarotzertum der Poesie.
Dann sah ich durch die schütteren Bäume ein Gespenst
aus Rauch, der schien mir vom Haus zu kommen,
doch jeder Raucher trägt ja seinen eigenen Kranz;
dann sah ich: dieser wandelnde Kranz war deiner.
Ein weiteres Weltreich war am Ende. Diesmal Rußlands.
Die Gebeine der Birken schimmerten durch das seufzende Laub.
Ich lauschte deinem Schemen in den Erlen
oder, nach jener grünen Wendung, *unter den Linden.*
Denn hier bedeutet Historie das Zudecken von Leichen,
nicht nur im Löschkalk der Gräben, auch den schuppigen
Taubendreck in den Steinperücken von Statuen,
die Menuette schreiben im Freien, die Spatzennoten
setzen auf die Seite der Wolke, das Blütengetüpfel
lackierter Wiesen, den Seiten des Frühlings,
eine Salve von Feldlerchen im rauchenden Himmel

and the screams of lilies harvested into a vase,
a sky composed of bandages and cotton
and the needles of sick spires, it is the music
heard in cold March through the black bars of lindens
by a remembering Jew, it is not only the cloud
but what is hidden under the cloud, under the page,
like the sinuous shadows of a sunken barge
in a sparkling canal, to the sound of a shovel
scraping over and tapping a small mound of error
which white flowers sprinkle to the sound of leaves
turning over and over in libraries in a new spring.

Breakfast 9:00 a.m. The whole terrace cool from the sea.
»And you go back to the States tomorrow?« »No. Milan.«
»Not much to see in Milan,« the waiter said.

III

»So, how was Italy?« My neighbor grinned.
Trim-bearded, elegant. He was Italian.
»Good. As usual. We were in Amalfi.
Next to a picturesque port called Vertigo.«
He didn't get it. »Why didn't you stay longer?«
I said: »I have an island.« »And it was calling you.«
To say yes was stupidness, but it was true.
From the apartment I could see the Hudson.
Wide with its silent traffic, the silent buildings.

und das Kreischen der Lilien, gebündelt in einer Vase,
ein zusammengestückelter Himmel aus Binden und Watte
und den Nadeln kranker Türme, sie ist die Musik,
die ein Jude im kalten März hinter den schwarzen Stäben
der Linden erinnert und hört, sie ist nicht nur die Wolke,
sondern was die Wolke verbirgt, unter der Seite,
wie der geschmeidige Schatten eines versunkenen Kahns
im glitzernden Kanal, begleitet vom Klopfen und Scharren
der Schaufel auf einem kleinen Hügel aus Irrtum,
den weiße Blumen besprenkeln zum Klang der Blätter
die sich in Bibliotheken wenden zu neuem Frühling.

Frühstück um 9:00. Die ganze Terrasse kühl durch die See.
»Und Sie kehren morgen in die Staaten zurück?« »Nein. Mailand.«
»Nicht viel zu sehen in Mailand«, meinte der Kellner.

III

»Und wie war Italien?« Mein Nachbar grinste.
Elegant, mit gestutztem Bart. Italiener.
»Schön. Wie immer. Wir waren in Amalfi.
Bei einem hübschen Hafen namens Vertigo.«
Er verstand nicht. »Warum sind Sie nicht länger geblieben?«
Ich sagte: »Ich habe eine Insel.« »Und die hat Sie gerufen.«
Ja sagen war dämlich, aber es stimmte.
Vom Apartment aus konnte ich den Hudson sehen.
Breit, mit seinem stillen Verkehr, den stillen Gebäuden.

IV

Blue-grey morning, sunlight shaping Jersey,
and, magisterial, a white city gliding between buildings,
leaving the river for the Caribbean
its cargo: my longing. A high, immaculate ship.

IV

Blaugrauer Morgen, Jersey im Sonnenlicht,
und eine weiße Stadt gleitet, stolz, zwischen Gebäuden
hinaus aus dem Fluß mit Kurs in die Karibik,
seine Fracht: meine Sehnsucht. Ein hohes, schneeweißes Schiff.

PART II

TEIL II

7

I

Spiked palms rattle midsummer's consonants and
prose saunters down bougainvillea sidewalks,
and in a Spanish café, phrases at breakfast
translate the Village into Barranquilla.
We were assembled in the lobby of the hotel.
Constanzia nodded to her sergeant, who,
by a miracle of dentistry, had a dazzling grin
as brief as summer lightning in the mountains.
Her well-oiled hair was parted in the middle
as straight as the highway into Cartagena,
its black wings folded like a blackbird resting
on the telegraph wires, her large black eyes
were warm but cavernous; there were secrets in them,
the first was why she had become a soldier,
was she a mother or as I imagined
a young widow whose service was revenge?
There was a plump and rounded body
in that olive-green uniform. She took it off,
and, her hair loosened, took me to her cool breasts.
There was a quiet consternation among the palms
of Barranquilla. The plainclothes men were ready.
Cap on, she mounted and turned on her bike,
we got into the car with the plainclothes men
with the Ambassador and his assistant
and with Constanzia leading on her bike began
the careful, carfull exodus from Barranquilla.

7

I

Stachlige Palmen rütteln die Konsonanten des Sommers
und Prosa schlendert über die Bougainvilleawege,
Floskeln beim Frühstück in einem spanischen Café
übersetzen das Village nach Barranquilla.
Man rief uns zusammen in der Halle des Hotels.
Constanzia nickte hinüber zu ihrem Sergeant;
sein glitzerndes Grinsen, ein Wunder der Zahnmedizin,
war kurz wie ein Sommerblitz im Gebirge.
Ihr gut geöltes Haar war in der Mitte gescheitelt,
schnurgerade wie die Straße nach Cartagena,
die schwarzen Schwingen verschränkt wie bei Amseln,
die auf den Leitungen hocken, ihre großen schwarzen
Augen wie warme Höhlen; sie bargen Geheimnisse,
das erste: warum war sie Soldatin geworden?
War sie Mutter oder, wie ich mir dachte,
eine junge Witwe im Dienst der Rache?
Ein draller, rundlicher Körper steckte
in der olivgrünen Uniform. Sie zog sie aus,
löste ihr Haar und nahm mich an ihre kühlen Brüste.
Bestürztes Schweigen waltete unter den Palmen
von Barranquilla. Die Zivilstreife stand bereit.
Sie setzte die Mütze auf, bestieg die Maschine, warf sie an,
wir nahmen das Auto mit den Zivilpolizisten,
mit dem Botschafter und seinem Gehilfen
und begannen, Constanzia vorweg auf dem Krad,
in ängstlicher Enge den Exodus aus Barranquilla.

II

The rebels were holed up in what was that city,
where the drug-lords had their shadow government
and the war was fiercest? No, not Alicante.
Something like it. Medellín. The infinite highway went
along the dry coast. The hours reeled back
along the road under the hot blue sky.
There were roadblocks set up against attack,
still picturesque despite the infantry.
As we shot along the mythological coast
the length of a line or a vine sprouted butterflies
the closer we got to aureate Cartagena.

On the long, desolate road before Cartagena,
desolate because of the drought, the khaki grass,
thorn shrub and dusty bush, and dull olive trees,
with an army patrol in camouflage uniforms
the colour of the country, very young Colombians,
by a highway cantina, the hillocks parched and dry
as a donkey's hide, some signs promising the sea,
burros loaded with grass trotting with concentration,
then another clot of soldiers, not quite a roadblock
signalling us on, then more and more arid pastures
with occasional zebu, light-skinned, with their humps,
the land dry and sour, where did they get their water?
Light traffic on the wind-whipped highway
from Barranquilla, all strange, all threatening,
and then a bright gap, an outburst and there it was
the white combers running and beaches through the trees –
the Caribbean, owned and exultant grinning and comforting
between sea-grape and sea-almonds and spindly palms
unguarded by soldiers. Not a new coast, but home.

II

Die Hochburg der Rebellen war – wie hieß doch die Stadt,
wo die Schattenregierung der Drogenbarone saß
und der Krieg am härtesten tobte? Nein, nicht Alicante.
So ähnlich. Medellín. Die endlose Autobahn führte
an der trockenen Küste entlang. Auf der Straße unter dem heiß-
blauen Himmel spulten die Stunden sich ab.
Die Straßensperren, errichtet als Schutz vor Attacken,
sahen trotz der Truppen noch malerisch aus.
Wir rasten die mythische Küste entlang,
und Schmetterlinge blühten wie Knospen auf Leinen und Ranken,
je näher wir dem goldenen Cartagena kamen.

Auf der langen, öden Strecke vor Cartagena,
öde wegen der Dürre, das Gras khakigelb,
Dornen, staubige Sträucher und träge Ölbäume,
eine Armeepatrouille in Tarnanzügen,
die Farben des Landes, sehr junge Kolumbier,
an einer Straßencantina, die Hügel so dürr und versengt
wie Eselsfelle, manches verhieß die Nähe der See,
grasbeladene Burros, konzentriert trabend,
dann noch ein Trupp Soldaten, kaum eine Sperre,
sie winkten uns weiter, dann noch mehr trockene Weiden
mit ein paar Zebus, hellhäutig, mit Höckern,
die Böden sauer und trocken – woher kam ihr Wasser?
Wenig Verkehr auf der windgepeitschten Straße
von Barranquilla, alles seltsam, alles bedrohlich,
und dann eine leuchtende Schlucht, ein Ausbruch, und da,
zwischen Bäumen die weißen Brecher und Strände –
die Karibik, bewohnt und jubelnd, grinsend und tröstlich
zwischen Meertrauben und Seemandeln und hageren Palmen,
unbewacht von Soldaten. Nicht neue Küste, doch Heimat.

III

It was pleasant in the car, even with the soldiers,
with the ladies gossipping; I wondered if they'd stop
to listen to the chatter of machine-gun fire
in case we were ambushed. Our bodyguards
scouted the patrol gulches and the scrub trees
although the patrol waved us through the roadblock
on the highway that shot into Cartagena. Earlier,
I had said goodbye to the beautiful plump soldier
whose hair, when she removed her forage cap,
was neatly parted as a blackbird's wings,
to the berry-red lipstick, goodbye to eyes
that held, I hoped, more than formal affection,
outside the hotel. Desire flashed from my face
like a weapon caught in sunlight, then she mounted
her lucky motorcycle and glided off, gone
into the turning traffic out of our lives.
The we headed for the Caribbean coast.
African wind rattled the tin-coloured sea
to grooves of whitecaps, pounding the beach
closer to home – orange-walled Cartagena
or so I remember it. Our sea's first city.

IV

The afternoon raced with its shadows
across the *playa* and across the pitted face
of the old cathedral and the sidewalks
where vendors fanned themselves under the arches
all selling identical wares without rancour
or envy. Outside the piratical sea
blazed in tinfoil, and the shadows stopped

III

Es war vergnüglich im Auto, trotz der Soldaten,
die Damen schwatzten; würden sie wohl im Fall
eines Hinterhalts innehalten, um dem Geschnatter
der automatischen Waffen zu lauschen? Die Leibwache
prüfte die Patrouillenwege und das Gebüsch,
obwohl die Patrouille uns durch die Sperre der Autobahn winkte,
die nach Cartagena hineinschoß. Ich hatte der schönen,
drallen Soldatin zuvor schon Adieu gesagt,
ihr Haar war, als sie die Feldmütze abnahm,
sauber gescheitelt wie Amselflügel, Adieu
dem beerenroten Lippenstift, den Augen,
die vor dem Hotel, wie ich hoffte, mehr als nur höfliche
Achtung ausdrückten. Auf meinem Gesicht blitzte die Lust
wie eine Waffe im Sonnenlicht, doch sie bestieg
ihr glückliches Motorrad und glitt davon,
verschwand im Gegenverkehr aus unserem Leben.
Dann fuhren wir zur karibischen Küste.
Wind aus Afrika rüttelte die blechgraue See
zu schaumweißen Furchen, walkte den vertrauteren
Strand – das orange ummauerte Cartagena
oder so ähnlich. Die erste Stadt unseres Meeres.

IV

Die Schatten des Nachmittags rasten
über die *playa* und die vernarbte Fassade
der alten Kathedrale und die Bürgersteige,
wo Händler sich unter den Bögen fächelten
und identische Waren verkauften, ohne Groll
oder Neid. Draußen glitzerte das Stanniol
der Piratensee, und die Schatten kamen zum Stehen

and settled in an eternity of langour.
Caravels slid over the horizon.
The flags of the sea-almonds wilted
and yard-smoke drifted, forked as Drake's beard,
sacker of Nombre de Dios.
Time, like a turtle, lay patient in the cool rocks.
The wing-beats of the great frigate were languid.
The covered cauldron of the sea hid –
ribbed galleons and turtles. Then later, our white skulls.

und ließen sich nieder in schläfriger Ewigkeit.
Karavellen glitten über den Horizont.
Die Flaggen der Seemandel welkten
und Rauch aus den Höfen gabelte sich wie der Bart
von Drake, dem Erstürmer von Nombre de Dios.
Die Zeit lag wie eine Schildkröte still in den kühlen Felsen.
Schläfrig schlugen des großen Fregattvogels Schwingen.
Der gedeckelte Kessel der See verbarg – die Rippen
von Galeonen und Schildkröten. Dann unsre weißen Schädel.

8

I

I saw the walled city in the morning
with its sprinkled streets; under the arcades
the beggars slept, unshifting as History.
There was the city, then there was the magical
echo of the city's name and the same sulphurous
mirage of its double created by history,
by the shade of the rusting almonds, by the galvanized sea
whose ruts were left by the galleons, Cartagena
and the ghost of Cartagena; you could feel it shift
in the shadow of the almond on the open terrace,
in the sweet stink of the shallows by the sea-wall,
in the rough dark sand of the beach, the frowsty umbrellas
that echo a beach on the other side of the world,
drizzling Pescara, the light became a veil
through which phantoms moved, pirates and beggars
behind the high walls that hid Márquez's house.

II

Under a sea-almond' s motley by the stone fort
with its embouchures for futile, rusted cannons,
the clouded water muttered its report
of piratical Cartagena, of New World Spain;
and, in the almond's restless shade, I thought
of Esperanza, would I see her again,
the small tight body and the astonished eyes

8

I

Ich sah die ummauerte Stadt mit ihren besprengten Straßen
früh am Morgen; unter den Arkaden
schliefen die Bettler, reglos wie die Historie.
Da war die Stadt und dann war da noch das magische
Echo des Namens der Stadt und das gleiche schweflige
Trugbild ihres Doubles, erschaffen von der Geschichte,
vom Schatten der rostbraunen Mandeln, von der verzinkten See,
gefurcht von den Galeonen, Cartagena
und Cartagenas Gespenst; man spürte, wie es sich regte
im Schatten des Mandelbaums auf freier Terrasse,
im süßen Gestank der Sandbänke neben der Mole,
im groben, dunklen Sand des Strandes, in den muffigen Schirmen,
Echo eines Strandes am anderen Ende der Welt,
Pescara im Nieselregen; das Licht wurde ein Schleier
durch den Schemen streiften, Piraten und Bettler
hinter den hohen Mauern, die das Haus von Márquez verbargen.

II

Unter dem Narrenkleid des Seemandelbaums am Fort
mit den Schießscharten für die Geschütze, nutzlos und rostig,
murmelte das bewölkte Wasser seinen Bericht
vom piratenartigen Cartagena, vom Spanien
der Neuen Welt; und ich dachte im ruhlosen Schatten der Mandel
an Esperanza, würde ich sie wiedersehen,
den kleinen, festen Leib, die erstaunten Augen,

as racing sunlight dried the stones of Venice,
Roberta; women who contained their cities.
What callipers fixed the terrestrial paradise?
I walked past them, past the fruit stands,
a vacillating compass. The old world
felt more familiar. Shame at heredity.
Drake. Nombre de Dios. A schoolboy's text.
The dusk struck gold and reminted the old fables.
But this one was shot in Medellín
and this one's daughter, a beauty,
was kept captive for a year and a half, for ransom
for which her family was still paying,
and then, what was nearer home,
on that golden road to the legendary city,
slums, shacks, a clogged river, El Dorados of garbage,
dirt tracks and canoes, the portals to paradise
to the walled city that was our Rome.
Unguarded by soldiers. Not a strange coast, but home.
The spikes of the agave: fear. A fear of flags.
And what if there is the body crumpled as usual
by the congealing gutter with the bloodstain
whose edges acquire the accuracy of a map,
and tires a still burning at the bend of an avenue
near to the haemophilic bougainvillea.

und als die rasche Sonne die Steine Venedigs trocknete,
Roberta; Frauen, die ihre Städte enthielten.
Welcher Greifzirkel maß das irdische Paradies?
Ich ging, ein schwankender Kompaß, an ihnen und an
den Ständen mit Obst vorbei. Die alte Welt
war mir bekannter. Scham über Vererbung.
Drake. Nombre de Dios. Schullektüre.
Die Dämmerung hämmerte goldene, neue Münzen
aus alten Sagen. Doch die da erschoß man in Medellín,
und die Tochter von der da, eine Schönheit,
hielt man für anderthalb Jahre gefangen, noch immer
stotterte die Familie das Lösegeld ab,
und dann, das war vertrauter,
auf der goldenen Straße zur sagenumwobenen Stadt
die Slums, die Hütten, ein verstopfter Fluß, El Dorados aus Müll,
Sandwege und Kanus, die Pforten zum Paradies,
zur ummauerten Stadt; die war unser Rom.
Unbewacht von Soldaten. Nicht fremde Küste, doch Heimat.
Die Stacheln der Agave: Angst. Eine Angst vor Flaggen.
Und was, wenn die Leiche daliegt, wie üblich gekrümmt
in der gerinnenden Gosse, und der Umriß der blutigen Lache
die Präzision einer Karte bekommt
und die Reifen an der Straßenkurve noch qualmen
nicht weit von der blutkranken Bougainvillea.

III

A shot rang out and the green Vespa skidded
off the curb into a ditch below a fence
of rusty cactus and the beautiful soldier lay
on the dry grass verge staring at the blue sky
with its puffs of cloud like echoes of an ambush
her forage cap off, and the quiet blackbird's wings
and the pomme-arac red lips appeared to make
a further beauty and a different peace.

That was the peace she carried in her eyes
that I mistook and hoped for, that was the look
whose calm contained a farewell, Constanzia,
a handshake magnified into this madness
that was the long brown street and the scabrous palms,
that was your country's discipline of sadness,
your coal-eyes dimming as you lay in my arms.

Her corpse had acquired that posture
in mimicry of your admirable syntax,
huddled in embarrassment at your contempt,
because it and the flies who were taking notes
and the mongrel conducting its private investigation
are all conscious of your prose, your style
that has the same self-conscious arches
of municipal buildings. Carrion and cactus
and the shivered palms at the folk-museum's entrance
and the smudged faces of the barefoot children,
their charred eyes smouldering like a pile of tires.

III

Ein Schuß knallte, und die grüne Vespa rutschte
in einen Graben unter der Hecke
aus brandigem Kaktus und die schöne Soldatin lag
auf dem trockenen Seitenstreifen und starrte dem blauen Himmel
entgegen, in dessen Wölkchen ein Hinterhalt nachklang
ihre Mütze im Dreck, die stillen Amselschwingen
und die pomme-arac-roten Lippen – es war als schüfen sie
eine fernere Schönheit, einen anderen Frieden.

Das war der Ausdruck von Frieden in ihren Augen,
auf den ich fälschlich gehofft hatte, das war der Blick,
dessen Ruhe ein Lebewohl enthielt, Constanzia,
ein Händedruck, aus dem dieser Wahnsinn kam,
die lange, braune Straße und die schuppigen Palmen,
das war dein Land mit seinem gezügelten Gram,
deine Kohlenaugen verlöschten in meinen Armen.

Ihre Leiche nahm jene Pose in Mimikry
deiner löblichen Syntax ein,
verlegen in deine Verachtung gekauert,
denn sie und die eifrig kritzelnden Fliegen
und der sie privat inspizierende Mischling
sind sich alle deiner Prosa bewußt, deines Stils,
der bewußt dieselben wissenden Bögen schlägt
wie die öffentlichen Gebäude. Kadaver und Kaktus
und die fröstelnden Palmen am Heimatkundemuseum
und die verschmierten Gesichter der barfüßigen Kinder,
ihre rußigen Augen glommen wie schwelende Reifen.

9

I

I lay on the bed near the balcony in Guadalajara
and watched the afternoon wind stiffen the leaves.
Later: dusty fields under parched lilac mountains
and clumps of what must have been eucalyptus
by the peeling skin of their barks. I saw your face,
I saw your flesh in theirs, my suffering brother;
jacaranda over the streets, all looking broken,
as if all Mexico had this film of dust,
and between trees dotting the plain, fog,
thick as your clogged breath, shrouding the ranges
of, possibly, Santa de Something. I read this.
March 11. 8:35 a.m. Guadalajara, Saturday.
Roddy. Toronto. Cremated today.
The streets and trees of Mexico covered with ash.
Your soul, my twin, keeps fluttering in my head,
a hummingbird, bewildered by the rafters,
barred by a pane that shows a lucent heaven.
The maid sings behind the house,
with wooden clips in her teeth,
she rips down laundry like an avenging angel
and the hillside surges, sailing. Roddy.
Where are you this bright afternoon? I
am watching a soccer match listlessly
on TV, as you did, sunk deep in the socket of the sofa,
your head shrunken, your eyes wet
and every exchange an ordeal.

9

I

Ich lag auf dem Bett am Balkon in Guadalajara
und sah, wie der Nachmittagswind die Blätter versteifte.
Später: staubige Felder an versengten, purpurnen Bergen
und Büschel von Bäumen, offenbar Eukalyptus,
nach der schuppenden Haut ihrer Borke. Ich sah dein Gesicht,
ich sah dein Fleisch in ihrem, mein leidender Bruder;
Jacarandas über den Straßen, alles wirkte gebrochen,
als wäre ganz Mexiko mit dieser Staubschicht bedeckt,
und zwischen den einzelnen Bäumen der Ebene Nebel,
dick wie dein klumpiger Atem, der die Höhen
von Santa de Sowieso einhüllte. Ich lese:
11. März, 8:35 Uhr. Guadalajara, Samstag.
Roddy. Toronto. Heute eingeäschert.
Mexikos Straßen und Bäume mit Asche bedeckt.
Deine Seele, mein Zwilling, flattert mir durch den Kopf,
ein Kolibri, verwirrt von den Sparren, von der Scheibe
gefangen, die ihm einen strahlenden Himmel zeigt.
Das Dienstmädchen trällert hinter dem Haus,
mit hölzernen Klammern im Mund,
wie ein rächender Engel reißt sie die Wäsche herab,
und der Berghang fährt auf, segelt dahin. Roddy.
Wo bist du an diesem hellen Nachmittag?
Lustlos gucke ich Fußball im Fernsehen
wie du es tatst, tief in der Höhle des Sofas versunken,
dein Kopf geschrumpft, deine Augen naß,
und jedes Gespräch eine Qual.

II

I carry a small white city in my head,
one with its avenues of withered flowers,
with no sound of traffic but the surf,
no lights at dusk on the short street
where my brother and my mother live now
at the one address, so many are their neighbours!
Make room for the accommodation of the dead,
their mounds that multiply by the furrowing sea,
not in the torch-lit catacombs of your head
but by the almond-bright, spume-blown cemetery.
What was our war, veteran of threescore years and ten?
To save the salt light of the island
to protect and exalt its small people
to sit enthroned to a clicking scissors
watching the hot road and the blue flowers across it
and behind the hedge soft blue mountains
and the barber with the face of a boxer
say one who loves his craft more than a victory
not like the arrogantly tilted tailor of Moroni's
assessing you with the eyes of his scissors.

III

The day, with all its pain ahead, is yours.
The ceaseless creasing of the morning sea,
the fluttering gamboge cedar leaves' allegro,
the rods of the yawing branches trolling the breeze,
the rusted meadows, the wind-whitened grass,
the coos of the stone-coloured ground doves on the road,
the echo of benediction on a house –
its rooms of pain, its verandah of remorse

II

Ich trage ein weißes Städtchen im Kopf,
eins mit Alleen aus verwelkenden Blumen,
kein Verkehrslärm außer der Brandung,
keine Lampen am Abend auf der kurzen Straße,
wo mein Bruder und unsere Mutter nun wohnen,
unter gleicher Adresse, mit so vielen Nachbarn!
Schaffe den Toten Behausungen, weiten Raum
ihren Gräbern, die sich mehren an der gefurchten See,
nicht in den Katakomben des Kopfes, von Fackeln erleuchtet,
sondern am Friedhof, mandelhell, besprenkelt mit Schaum.
Was war unser Krieg, Veteran von siebzig Jahren?
Das Salzlicht der Insel bewahren,
ihr kleines Volk schützen und preisen
auf dem Thron der schnappenden Scheren sitzen
die heiße Straße, die blauen Blumen betrachten
und hinter der Hecke die sanftblauen Berge
und den Barbier mit dem Boxergesicht beispielsweise
einen, dem sein Handwerk lieber ist als ein Sieg –
nicht wie der sich hochmütig neigende Schneider Moronis,
der dich mit den Augen seiner Schere taxiert.

III

Der Tag ist dein, mit all seinen Schmerzen.
Das stetig knisternde Knittern des Meers am Morgen,
das Allegrogeflatter der gelben Blätter der Zeder,
die die Brise ködernden Angeln der gierenden Äste,
die rostbraunen Wiesen, das windweiße Gras,
auf der Straße das Gurren der steingrauen Tauben,
das Echo des Segens auf einem Haus –
seine Zimmer des Schmerzes, die Veranda der Reue,

when joy lanced through its open-hearted doors
like a hummingbird out to the garden and the pool
in which the sky has fallen. These are all yours,
and pain has made them brighter as absence does
after a death, as the light heals the grass.
And the twig-brown lizard scuttles up its branch
like fingers on the struts of a guitar.
I hear the detonations of agave,
the stuttering outbursts of bougainvillea,
I see the acacia's bonfire, the begonia's bayonets, and
the tamarind's thorns and the broadsides of clouds from the calabash
and the cedars fluttering their white flags of surrender
and the flame tree's siege of the fort.
I saw black bulls, horns lowered, galloping, goring the mist
that rose, unshrouding the hillocks of Santa Cruz
and the olives of Esperanza,
Andalusian idyll, and answer
and the moon's black tambourine
and the drizzle's guitars
and the sunlit wires of the rain
and the shawls and the used stars
and the ruined fountain.

IV

When we were boys coming home from the beach,
it used to be such a thing! The body would be singing
with salt, the sunlight hummed through the skin
and a fierce thirst made iced water
a gasping benediction, and in the plated heat,
stones scorched the soles, and the cored dove hid
in the heat-limp leaves, and we left the sand
to its mutterings, and long, cool canoes.

wenn die Freude die offenherzigen Türen durchschnitt
wie ein Kolibri, zum Garten hinaus und zum Teich
in den der Himmel gestürzt ist. Dies alles ist dein,
und der Schmerz hat es aufgehellt wie die Abwesenheit
nach einem Tod, wie das Licht das Gras heilt.
Und die zweigbraune Echse huscht ihren Ast hinauf
wie Finger auf dem Griffbrett einer Gitarre.
Ich höre die Detonationen der Agave,
die stotternden Ausbrüche der Bougainvillea,
ich sehe Akazienfeuer, Begonienbajonette,
die Dornen der Tamarinde, die Breitseiten der Kalebasse,
das Flattern der weißen Fahnen der kapitulierenden Zeder
und den Ring der Flammenbäume ums Fort.
Ich sah schwarze Stiere, die Hörner gesenkt, im Galopp, den Dunst
zerspellend, der sich hob und die Hügel von Santa Cruz
und die Ölbäume Esperanzas entblößte,
das Idyll Andalusiens, die Antwort
und das leere Tamburin des Mondes
und des Nieselregens Gitarre
und die Drähte des Schauers im Sonnen-
licht, Tücher, verbrauchte Sterne
und die verfallenen Brunnen.

IV

Als wir, noch Kinder, heimkamen vom Strand,
wie herrlich das war! Noch sang der Körper
vom Salz, durch die Haut summte die Sonne
und das Eiswasser wurde im wüsten Durst
zum keuchenden Segen, und in der silbrigen Hitze
versengten Steine die Sohlen und die Taube verbarg sich
im heiß-schlaffen Laub, und wir überließen den Strand
seinem Gemurmel und den langen, kühlen Kanus.

Threescore and ten plus one past our allotment,
in the morning mirror, the disassembled man.
And all the pieces that go to make me up –
the detached front tooth from a lower denture
the thick fog I cannot pierce without my glasses
the shot of pain from a kidney
these piercings of mortality.
And your wife, day and night,
assembling your accoutrements
to endure another day on the sofa,
bathrobe, glasses, teeth, because
your hands were leaves in a gust
when the leaves are huge-veined, desiccated,
incapable of protest or applause.
To cedars, to the sea that cannot change its tune,
on rain-washed morning what shall I say then
to the panes reflecting the wet trees and clouds
as if they were store fronts and offices, and
in what voice, since I now hear changing voices?
The change of light on a pink plaster wall
is the change of a culture – how the light is seen,
how it is steady and seasonless in these islands
as opposed to the doomed and mortal sun of midsummer
or in the tightening circle of shadow in the bullring.
This is how a people look at death
and write a literature of gliding transience
as the sun loses its sight, singing of islands.

Sunrise then, the uncontaminated cobalt
of sky and sea. The hours idle, and I,
watching the heaving plumes of the palmistes
in the afternoon wind, I hear the dead sighing
that they are still too cold in the ochre earth
in the sun's sadness, to the caterpillar's accordion

Siebzig Jahr und eines jenseits unseres Quantums,
im Spiegel am Morgen: der zerlegte Mann.
Und all die Teile, aus denen ich bestehe –
der getrennte Vorderzahn einer Prothese
der Nebeldunst, undurchdringlich ohne die Brille
der stechende Schmerz einer Niere,
Stiche einer akuten Sterblichkeit.
Und Tag und Nacht legte dir
deine Frau deine Ausstattung hin
für noch einen quälenden Tag auf dem Sofa,
Morgenrock, Brille, Zähne, denn
deine Hände waren Blätter im Sturm
wenn das Laub, verwelkt und mit riesigen Adern,
unfähig ist zu Protest oder Beifall.
Was soll ich am regenverwaschenen Morgen denn sagen
den Zedern, der See, die ihr Lied nicht wechseln kann,
den Scheiben, die die nassen Bäume und Wolken spiegeln
als wären es Läden oder Bürohäuser, und
mit welcher Stimme, da ich nun wechselnde Stimmen höre?
Der Wechsel des Lichts auf rosa verputzter Mauer
ist der Wechsel einer Kultur – wie man das Licht sieht,
wie es stetig ist und zeitlos auf diesen Inseln
ganz anders als die zwingend sterbliche Mittsommersonne
oder der immer engere Schatten der Stierkampfarena.
So betrachtet ein Volk den Tod und schreibt
eine Literatur von schwebender Flüchtigkeit,
während die Sonne, von Inseln singend, erblindet.

Dann: Sonnenaufgang, das unverseuchte Kobalt
von Himmel und See. Müßige Stunden, und ich,
im Nachmittagswind die wankenden Federbüsche
der Palmistes betrachtend, ich höre das Seufzen der Toten,
daß sie immer noch frieren im Ocker der Erde,
im Kummer der Sonne, zum Akkordeon der Raupe

and the ancient courtship of the turtle-doves.
Yellow-billed egret balanced on a black bull
its sheen so ebony rust shines through the coat
as the bamboos translate the threshing of the olives
as the olives the bamboo's calligraphy
a silvery twitter of a flock of fledglings
stuttering for rain, wires of a drizzle,
tinfoil of the afternoon sea and the dove's bassoon.
The house on the hill opposite –
blond beams criss-cross their shadows on grey stone,
finical, full of false confidence, then
a surge of happiness, inexplicable content,
like the light on a golden garden outside Florence,
afternoon wind resilvering the olives
and the sea's doves, white sails
and the fresh elation of dolphins
over the staghorn coral.
Cartagena, Guadalajara,
whose streets, if one eavesdropped,
would speak their demotic Castilian
if dust had not powdered the eucaplytus with silences
on the iron balcony's parenthesis
and the Aztec mask of Mercedes
on the tip of the tongue like a sparrow
dipping into the pool
and flicking it tail like a signature, a name
like the fluttering of wings in a birdbath –
Santiago de Compostela!

und dem uralten Balzruf der Turteltauben.
Gelbschnabelreiher, schwankend auf schwarzem Stier,
der Glanz so ebenholzglatt, daß sein Fell rostbraun schillert,
es übersetzt der Bambus das Rauschen des Ölbaums
und der Ölbaum die Kalligraphie des Bambus,
das silbrige Zwitschern von flüggen Vögelchen
die um Regen stammeln, dann nieselnde Drähte,
das Stanniol der See und das Fagott der Taube.
Das Haus auf dem Hügel drüben –
gebleichte Balken schraffieren Schatten auf grauen Stein,
penibel, voll falscher Zuversicht, dann
eine Woge des Glücks, unerklärlicher Friede,
wie das Licht eines goldenen Gartens, nah bei Florenz,
der Nachmittagswind versilbert die Ölbäume
und die Tauben der See, weiße Segel
und der frische Überschwang von Delphinen
über Geweihkorallen.
Cartagena, Guadalajara,
deren Straßen, wenn man denn lauschte,
ihre kastilische Mundart sprächen
hätte der Staub nicht den Eukalyptus mit Stille bepudert
auf der eisernen Klammer des Balkons
und Mercedes' Aztekenmaske
auf der Zungenspitze, so wie ein Spatz
der in den Teich tunkt
sein Schwanzschnippen wie eine Unterschrift, ein Name
wie ein Flügelflattern im Vogelbad –
Santiago de Compostela!

V

In a swift receding year, one summer in Spain,
when the lamb-ribs were exquisitely roasted on a pine-fire
your eyes were its coals, your tongue its leaping flame,
my Iberian sibyl, touch-timid Esperanza.
A river roared from its dam, the pines were sprinkled
with its spume that brought boys' cries on the wind
drifting to our picnic and beyond the bank
was the brown spire of the cathedral
as a rose went out in the ashes
and the sunshine cooled and the wind had an edge
when a roar in the pines and the dam would blend
on the Saturday in Spain, in what receding year?

V

In einem rasch schwindenden Jahr, ein Sommer in Spanien,
bei köstlich geröstetem Lammfleisch am Kiefernholzfeuer,
da waren deine Augen die Kohlen, deine Zunge die lodernde Flamme,
meine Esperanza, du unnahbare Sibylle Iberiens.
Ein Fluß dröhnte vom Wehr herab, bespritzte die Kiefern
mit Gischt, der trieb die Schreie der Jungen im Wind
herüber zu unserem Picknick und hinter dem Ufer
erhob sich der braune Turm des Doms
als eine Rose in Asche verlosch
und die Sonne kühl war im beißenden Wind
da verschmolz das Gedröhn des Wehrs und der Kiefern
an jenem Samstag in Spanien, in welchem schwindenden Jahr?

PART III

TEIL III

10

I

The ground dove stuttered for a few steps then flew
up from its path to settle in the sun-browned
branches that were now barely twigs; in drought it coos
with its relentless valve, a tiring sound,
not like the sweet exchanges of turtles in the Song
of Solomon, or the flutes of Venus in frescoes
though all the mounds in the dove-calling drought
the hills and gulches all briary and ochre
and the small dervishes that swivelled in the dust
were like an umber study for a fresco
of The Prodigal Son, this scorched, barren acre.
He had the smell of cities in his clothes,
the steam and soot of trains of Fascist stations
and their resounding vaults, he had the memory of rain
carried in his head, the rain on Pescara's beach
with the pastel hotels, and instead of the doves
the air-show with the jets soaring and swooping
over the Fair, the smell off that beach
came back on the rock-road where the turtle lifted
its mating music into the dry acacias,
and mixed with the smell off the galloping sea-flock,
each odour distinct, of sheep trampling their pens
as if their fear had caught the wolf-scent.
The rock-brown dove had fluttered from that fear
that what he loved and knew once as a boy
would panic and forget him from the change

10

I

Die Taube taumelte ein paar Schritte, dann flog
sie auf vom Weg und setzte sich in die sonnenbraunen
Äste, die kaum noch Zweige waren; schonungslos
gurrt in der Dürre ihr Ventil, ein lästiges Raunen,
nicht wie das süße Zwiegespräch der Turteltauben
im Hohelied Salomos, die Flöten der Venus auf Fresken
und dennoch: in der taubengurrenden Dürre glichen
die Hügel und Schluchten von Dornen und Ocker
und die kleinen Derwische, winzige Wirbel im Staub,
einem umbrabraunen Entwurf für ein Fresko
des Verlorenen Sohns, ein verbrannter, öder Acker.
In seinen Kleidern trug er den Dunst der Städte,
den Dampf und Ruß der Züge in den hallenden
Bahnhöfen der Faschisten, in seinem Kopf
die Erinnerung an den Regen auf Pescaras Strand
mit seinen pastellenen Hotels, und anstelle der Tauben
die Luftschau mit den Steilkurven und Sturzflügen der Jäger
über dem Volksfest, der Geruch von jenem Strand
überkam ihn an der steinigen Straße, wo die Turteltaube
ihr Liebeslied hoch in die dürren Akazien schickte,
und mischte sich mit dem Geruch, jeder für sich,
der galoppierenden Herden der See, der Schafe, die
ihre Hürden durchbrachen, als hätte ihre Angst den Wolf gerochen.
Das Geflatter der steinbraunen Taube kam von der Angst,
es könnte all das, was er liebte, einst kannte als Kind,
in Panik flüchten, ihn einfach vergessen, da sich

of character that the grunting swine could smell.
A sow and her littler. Acknowledged prodigal.

Grey sunrise through a sky of frosted glass,
the great trees sodden, the paths below them pooled,
the headlands veiled and muslin-thin, no birds,
and pale green combers cresting through the drizzle;
a change of climate, the clouding of the self
in a sudden culture but one more confident
in its glazed equestrian statues in wet parks,
its railway stations echoing like the combers
in the ground-shaken caves under the cliff;
gathering, cresting then dissolving shallows
as light steps quietly into the house.
Light that inaudibly fits in the house
as a book on a bookshelf with its spines of tombs
and names, mouths slightly parted, eager to speak
wherever their station now. Every library
is a cemetery in sunlight. Sometimes, a shaft …

Across the dry hillock, leaves chasing dead leaves
in resurrecting gusts, or in the ochre quiet
leaves too many to rake on the road's margins,
too loaded to lift themselves, they lapsed singly
or in a yellow chute from the cedar, burnt branches;
lyres of desiccation choked the dry gutters
everywhere in the country, La Feuillée, Monchy,
by the caked track to Saltibus, over D'ennery.
Drought. Song of the wireless harp of the frangipani
that still makes a tangled music out of silence.

sein Wesen gewandelt hatte, was die grunzenden Schweine rochen.
Was die Sau und ihr Wurf erkannten. Einen verlorenen Sohn.

Ein grauer Sonnenaufgang im Milchglashimmel,
die hohen Bäume durchweicht, die Wege voll Pfützen,
die Landzunge dunstig und musselindünn, keine Vögel,
und die blaßgrüne Brandung, die durchs Geniesel bricht;
ein Wechsel des Klimas, das Ich umwölkt
in einer ungestümen Kultur, die aber fest vertraut
auf ihre Reiterstatuen in nassen Parks,
und die Bahnhofshallen, ihr Echo wie Brecher
in den bebenden Höhlen unter der Klippe;
die sich sammelt, bricht, dann die Untiefen auslöscht
während das Licht leise eintritt ins Haus.
Licht, das sich unhörbar einpaßt ins Haus
wie ein Buch im Regal mit den Rücken der Grabsteine
und Namen, die Münder leicht geöffnet, voll Redeeifer,
wo immer sie sein mochten. Jede Bibliothek
ist ein Friedhof im Sonnenlicht. Manchmal fällt ein Strahl …

Über den trockenen Hügel jagen Blätter tote Blätter
in die böige Auferstehung, doch in der ockernen Stille
liegen zu viele, um sie zum Straßenrand zu harken,
allzu beladen, um sich von selbst zu erheben, fielen sie einzeln
oder als gelbe Lawine aus den öden Ästen der Zeder;
überall im Land verstopfen die Zithern der Dürre
die trockenen Gräben, La Feuillée, Monchy,
am verkrusteten Pfad nach Saltibus, hinter D'ennery.
Dürre. Das Lied der drahtlosen Harfe des Frangipani:
immer noch macht es verschlungene Musik aus der Stille.

II

Now to cherish the depredations of April
even on the threshold of March, its sunlit eve –
the *gommier maudit* unshouldering its leaves,
barrow after loaded barrow, the leaves fading, yellow,
burnt grass and the tigerish shadows on the hillside,
and the azure a trowelled blue, and the blue hill-smoke,
parched shortcuts and rust, cattle anchored in shadows
and groaning like winches, the didactic drought
against the hot sea that teaches what? Thirst
for the grace that springs in grooves of oblivious dust.

A fine haze screens the headland, the drizzle drifts.
Is every noun: breakwater, headland, haze,
seen through a gauze of English, a bright scrim,
a mesh in which light now defines the wires
and not its natural language? Were your life and work
simply a good translation? Would headland,
haze and the spray-wracked breakwater
pronounce their own names differently?
And have I looked at life, in other words,
through some inoperable cataract?
»What language do you speak in your own country?«
Every noun has its echo, a noun is a noise,
as every stone in the expanding sunlight
finds an exact translation in its shadow,
and it may be that you were halved by language
as definitely as the meridian
of Greenwich or by Pope Alexander's line,
but what makes this, if this is all it is,
more than just bearable, in fact, exultation
is the stone that is looked at, and the manchineels,
bitter, poisonous yellow berries, treacherous apples

II

Laßt uns nun würdigen die Verwüstungen des April
noch auf der Schwelle des März, seinem sonnigen Abend –
da sich der *gommier maudit* seiner Blätter entbürdet,
Karre auf beladene Karre, die Blätter verblichen, gelb,
verbranntes Gras und die Tigerschatten des Hanges,
der Azur ein gespachteltes Blau, und blauer Rauch am Hügel,
vertrocknete Pfade und Rost, die Rinder, im Schatten verankert,
stöhnen wie Winden, die didaktische Dürre
gegenüber der heißen See lehrt uns – was? Durst
nach der aus Furchen vergeßlichen Staubs sprudelnden Gnade.

Feiner Dunst hüllt die Landzunge ein, der Regen zieht weiter.
Sieht man jedes Nomen – Mole, Landzunge, Dunst –
durch einen Schleier des Englischen, ein helles Gespinst,
ein Netzwerk, in dem das Licht die Fäden bestimmt
und nicht seine natürliche Sprache? Waren dein Leben und Werk
nur eine gute Übersetzung? Würden Landzunge,
Dunst und gischtgepeitschte Mole
ihre eigenen Namen anders aussprechen?
Und hab ich, mit anderen Worten, das Leben
durch einen unheilbar grauen Star betrachtet?
»Und welche Sprache sprechen Sie in Ihrem Land?«
Ein Echo hat jedes Nomen, jedes ist ein Geräusch,
so wie jeder Stein im wachsenden Sonnenlicht
in seinen Schatten genau übersetzt wird,
und vielleicht hat die Sprache dich so entschieden
halbiert wie der Meridian
in Greenwich oder Papst Alexanders Linie,
was dies aber, wenn's denn schon alles ist,
mehr als nur erträglich, ja, so erhebend macht,
ist jener Stein, den man anschaut, sind die Manchineels,
bittere, giftige kleine Beeren, tückische Äpfel

that look like Eden's on the tree of knowledge
when the first noun was picked and named and eaten
and the shadow of knowledge defined every edge
originating language and then difference,
and subtlety, the snake and contradiction
and the sudden Babel of the manchineel.

III

The blank page grows a visionary wood.
A parallel section, no, in fact a whole province
of far, of foreign, of self-translating leaves
stands on the place where it has always stood
the right-hand margin of the page
loud, soft but voluble in their original language,
an orchestrating lexicon, veined manuscripts
going far back in time and deep in roots
and echoing in the tunnel of the right ear
with echoes: oak-echo, beech-echo, linden-echo,
and beach and birds a half-ancestral forest
whose metre was an ocean's and whose break,
parting declared the white-lined conjugation
of combers' centuries. This ocean, English and this forest weald,
this clattering natterer »burn,« this distance, mist,
kept its high columns marching as my pen moves
towards that gap of light that comes upon
the bright salt arc of a bare unprinted beach
or where the piper leaves a print, its claws,
dim, imperceptible as an ancient rune –
that is the landscape, that, the stand of forest
made up of all these leaves and lines that
still rasp with delight with rhyme and incantation
pages of shade turning into translation.

wie der am Baum der Erkenntnis im Garten Eden
als man das erste Nomen pflückte, benannte und aß
und der Schatten der Erkenntnis jeden Umriß bestimmte,
die Sprache erschuf und dann den Unterschied
und die List, die Schlange, den Widerspruch
und das ungestüme Babel des Manchineel.

III

Auf der weißen Seite wächst ein visionärer Wald.
Ein paralleler Abschnitt, nein eine ganze Provinz
aus fernen, fremden, sich selbst übersetzenden Blättern
steht an dem Ort, an dem sie immer stand
am Seitenrand zur rechten Hand,
laut, sanft, doch wortreich in ihrer Ursprungssprache,
ein vielstimmiges Lexikon, gerippte Manuskripte
die weit zurück in der Zeit und tief im Boden wurzeln
und widerhallen im Tunnel des rechten Ohrs
mit Echos: Eichenecho, Buchenecho, Lindenecho,
und Buchen und Vögel, ein halb ererbter Wald
dessen Versmaß das eines Ozeans war, dessen Zeilen-
bruch die weiß gesäumte Konjugation
uralter Brecher ausrief. Dieser Ozean, Englisch, dieser Wald
dieser plätschernde Plapperer »Born«, die Ferne, der Nebel,
ließ die Kolonnen marschieren, während mein Stift
jener Lichtlücke zustrebt, die auf den hellen
salzigen Bogen eines unbedruckt nackten Strands trifft,
nur der Strandläufer läßt dort den Abdruck seiner Kralle zurück,
matt und kaum sichtbar, wie eine uralte Rune –
das ist die Landschaft, dort steht er, der Wald
aus all diesen Blättern und Zeilen, die immer noch
vor Entzücken, vor Reim und Zauberspruch krächzen,
aus Seiten von Schatten zur Übersetzung geworden.

And my left hand another vegetation
but not their opposite or their enemy,
palms and wild fern and praising them, the sea,
sea-almond, grape and vine and agave
that the wind's finger folded carefully
drawing its thumb to mark the dog-eared wave
across the dry hill, leaving chasing leaves
in a shiny, scurrying wind, and, in the brown quiet,
leaves, unraked, tiling the road's margins,
so loaded they don't lift, they lapse singly, yellow,
of chute from the cedars. Lyres of desiccation
in March's autumn, filling the dry gutters,
everywhere in the country, Le Feuillée, Monchy,
except for the wireless harp of the frangipani
that still makes its music out of extreme stillness.
In my own botanic origins, *frangere panem*
to break bread, flower-flour in its white lilies,
except that in rare blossom I now remember
the flower is pink. It doesn't matter.
Since whatever hue it is, its wafer, it serves that need,
petal on the sky's open palate at early mass
every morning but here most on this Sunday
with its Lenten drought, the heat-coloured flowers then
the caterpillars determinedly devour,
on a Sunday when a sadness still eats at the parallel
petals of my beaten heart, and the white pews of the sea,
the waves coming in aisles, my longing
for the communion of breakfast, the leafless,
flower-less but crusted bark of the frangipani,
frangere panem, the pain that I break and eat
flower and flour, pain and *pain*,
bright Easter coming, like the sea's white communion.

Zu meiner Linken eine Vegetation anderer Art,
doch nicht ihr Gegenstück oder ihr Feind,
Palmen und Farn und die See, die sie lobpreist,
Mandel, Traube und Ranke, Agave
die der Finger des Winds sorgfältig faltete
und sein Daumen knickte die Seite der Welle
hinter dem trockenen Hügel, wo Blätter sich jagen
im glitzernden, trippelnden Wind, und in der braunen Stille
fliesen die ungeharkten Blätter die Ränder der Straße,
allzu beladen, um sich zu erheben, fallen sie einzeln, gelb,
oder als Lawine aus den Zedern. Zithern der Dürre
im Herbst des März, sie füllen die trockenen Gräben,
überall im Land, La Feuillée, Monchy,
nur die drahtlose Harfe des Frangipani
macht immer noch ihre Musik aus der äußersten Stille.
In meiner botanischen Herkunft: *frangere panem*,
Brot brechen, Blumen-Mehl in seinen weißen Lilien,
doch manchmal, fällt mir gerade ein,
sind die Blumen rosa. Egal.
Denn welche Farbe die Hostie auch hat, sie stillt jenen Hunger,
Blüte auf dem offenen Gaumen des Himmels zur Frühmesse
an jedem Morgen, doch hier vor allem an diesem Sonntag
mit seiner Fastenzeitdürre, den herzfarbenen Blumen
die die Raupen entschlossen verschlingen,
ein Sonntag, da ein Kummer noch nagt an den beiden Blüten
meines zerschlagenen Herzens und die weißen Bänke der See,
die Wellen, durchs Seitenschiff kommen, meine Sehnsucht
nach der Kommunion des Frühstücks, der blattlos
blütenlos krustigen Borke der Frangipani,
frangere panem, die Pein, die ich breche und esse,
Blume und Mehl, Pein und *pain*, es kommt
das leuchtende Ostern, wie die weiße Kommunion der See.

IV

In the country of the ochre afternoon
it is always still and hot, the dry leaves stirring
infrequently sometimes with the rattling pods
of what they call »women's tongues,« in
the afternoon country the far hills are very quiet
and heat-hazed, but mostly in the middle
of the country of the afternoon I see the brown heat
of the skin of my first love, so still, so perfect,
so unaltered, and I see how she walked
with her sunburnt hands against the still sea-almonds,
to a remembered cove, where she stood on the small dock –
that was when I thought we were immortal
and that love would be folded doves and folded oars
and water lapping against eroding stone
in the ochre country of the afternoon.

IV

Im Land des ockerbraunen Nachmittags
ist es immer still und heiß, manchmal regen sich
die dürren Blätter mit den klappernden Schoten
die man hier »Weiberzungen« nennt,
im Nachmittagsland liegen die fernen Hügel
sehr still im Hitzedunst da, doch mitten im Land
des Nachmittags sehe ich oft die braune Hitze
der Haut meiner ersten Liebe, so reglos, so vollkommen,
so unverändert, und ich sehe sie, wie sie mit ihren sonnen-
verbrannten Händen vor den reglosen Mandelbüschen
zur altvertrauten Bucht ging, da stand sie am Steg –
damals dachte ich, wir seien unsterblich
und die Liebe ruhende Tauben und ruhende Ruder
und Wasser, das am verwitterten Stein nagt
im ockerbraunen Land des Nachmittags.

11

I

The dialect of the scrub in the dry season
withers the flow of English. Things burn for days
without translation, with the heat
of the scorched pastures and their skeletal cows.
Every noun is a stump with its roots showing,
and the creole language rushes like weeds
until the entire island is overrun,
then the rain begins to come in paragraphs
and hazes the page, hazes the grey of islets,
the grey of eyes, the rainstorm's wild-haired beauty.

The first daybreak of rain, the crusted drought
broken in half like bread, the quiet trumpet mouth
of a rainbow and the wiry drizzle fighting
decease, half the year blowing out to sea
in hale, refreshing gusts, the withered lilies
drink with grateful mouths, and the first blackbird
of the new season announces itself on a bough
the hummingbird is reglistened drilling
the pierced hedges, my small shaft to your heart,
my emerald arrow: A crowd crosses a bridge
from Canaries to the Ponte Vecchio, from
Piaille to Pescara, and a volley of blackbirds
fans over Venice or the broken pier of Choiseul,
and love is as wide as the span of my open palm
for frontiers that read like one country,
one map of affection that closes around my pen.

11

I

Der Dialekt des Gebüschs in der Trockenzeit
versengt den Fluß des Englischen. Tagelang brennen
die Dinge, unübersetzt, mit der Hitze
verbrannter Weiden und ihrer knochigen Kühe.
Jedes Nomen ein Stumpf, er zeigt seine Wurzeln,
und die kreolische Sprache marschiert wie Unkraut
bis die Insel ganz und gar überrannt ist,
dann kommt der Regen in einzelnen Absätzen
trübt diese Seite, trübt das Grau der Eilande,
das Grau der Augen, die schöne Mähne des Sturms.

Der erste Tagesanbruch mit Regen, die krustige Dürre
entzweigebrochen wie Brot, der stille Trompetentrichter
des Regenbogens und die nieselnden Fäden bekämpfen
das Siechtum und wehen ein halbes Jahr lang hinaus
auf die See mit erfrischenden Böen, die welken Lilien
trinken mit dankbaren Mündern, und die erste Amsel
der neuen Saison meldet sich auf einem Ast,
der Kolibri, frisch schimmernd, durchbohrt
die löchrigen Hecken, mein kleiner Speer für dein Herz,
mein smaragdgrüner Pfeil: eine Menschenmenge überquert
eine Brücke von Canaries zum Ponte Vecchio,
von Piaille nach Pescara, und eine Salve von Amseln schwärmt aus
über Venedig oder die geborstene Mole Choiseuls,
und so breit wie meine offene Hand ist die Liebe
für Grenzlinien, die sich lesen lassen als *ein* Land,
die *eine* Karte der Zuneigung, die meinen Stift umgibt.

I had forgotten the benediction of rain
edged with sunlight, the prayers of dripping leaves
and the cat testing the edge of the season
with careful paw. And I have nothing more
to write about than gratitude. For *la mer,*
soleil-là, the bow of the *arc-en-ciel*
and the archery of blackbirds from its
radiant bow. The rest of the year is rain.

II

»There was a beautiful rain this morning.«
»I was asleep.«
                He stroked her forehead.
She smiled at him, then laughed as she kept yawning.
»It was lovely rain.« But I thought of the dead
I know. The sun shone through the rain
and it was lovely.
                »I'm sure,« she said.
There were so many names the rain recited:
Alan, Joseph and Claude and Charles and Roddy.
The sunlight came through the rain and the drizzle shone
as it had done before for everybody.
For John and Inge, Devindra and Hamilton.
»Blessed are the dead that the rain rains upon,«
wrote Edward Thomas. Her eyes closed in my arms,
but it was sleep. She was asleep again,
while the bright rain moved from Massade to Monchy.

Sometimes I stretch out, or you stretch out your hand,
and we lock palms; our criss-crossed histories join
and two maps fit. Bays, boundaries, rivers, roads,
one country, one warm island. Is that noise rain

Ich hatte den Segen des sonnengesäumten
Regens vergessen, die Gebete der triefenden Blätter
und die Katze, die mit behutsamer Pfote den Rand
der Jahreszeiten berührt. Und über nichts anderes
kann ich mehr schreiben als Dankbarkeit. Für *la mer*,
soleil-là, den Bogen des *arc-en-ciel*
und die Schießkunst der Amseln, herab von seinem
strahlenden Bogen. Der Rest des Jahres ist Regen.

II

»Das war ein wunderschöner Regen heut morgen.«
»Ich habe geschlafen.«
Er strich ihr über die Stirn.
Sie lächelte ihn an, dann lachte sie, während sie gähnte.
»Der Regen war herrlich.« Doch ich dachte an meine
Toten. Die Sonne schien durch den Regen
und es war herrlich.
»Glaub ich gern«, sagte sie.
Doch der Regen rezitierte so viele Namen:
Alan, Joseph und Claude und Charles und Roddy.
Das Sonnenlicht drang durch den Regen und ließ ihn leuchten
wie er zuvor schon für jeden geleuchtet hatte.
Für John und Inge, Devindra und Hamilton.
»Selig sind die Toten, auf die der Regen regnet«,
schrieb Edward Thomas. In meiner Umarmung schlossen sich
ihre Augen, doch es war der Schlaf. Sie schlummerte weiter,
während der helle Regen von Massade nach Monchy zog.

Manchmal strecke ich meine Hand aus oder du deine,
und die Handflächen schließen sich; unsere zerfurchten Geschichten
und zwei Karten passen. Buchten, Grenzen, Flüsse, Straßen,
ein Land, eine warme Insel. Ist das Regen

on the hot roof, is it sweeping out to sea
by the stones and shells of the almond cemetery?

III

The road is wet, the leaves wet, but the sun inching,
and always the astonishment: in March?
This blustery, this grey? The waves chopping
and circling and ramming into one another
like sheep in a maddened pen from a whiff of wolf,
or white mares, bug-eyed from the lightning's whip,
and, if they could, whinnying. But the light will win.
The sun fought with the rain in the leaves and won;
then the rain came back and it was finer out to sea.
A drizzle blurred the promontories evenly
and now the manchineels and acacias sparkled
with the new rain and the cow's hides darkened
as the horses dipped their heads and shook their manes,
and over the horizon the faint arc
of an almost imperceptible bow appeared
then dimmed across the channel towards Martinique.
This miracle was usual for the season.
»The sun came out just for you,« he said.
And it was true. The light entered her forehead
and blazoned her difference there.
The pastures were beaded, roofs shone on the hills,
a sloop was working its way against huge clouds
as patches of sunlight widened with a new zeal
towards detachment, towards simplicity.
Who said that they were lying side by side,
the cupped spoon of her torso in his own
in the striped shadows of mid-afternoon?

auf dem heißen Dach? Zieht er hinaus zum Meer
an den Muscheln entlang und den Steinen des Mandelfriedhofs?

III

Die Straße ist naß, die Blätter naß, doch die Sonne kriecht weiter
und immer diese Verwunderung: im März?
So stürmisch? So grau? Kabbelige Wellen
umkreisen und rammen einander wie Schafe
in der Hürde, panisch geworden vom Wolfsgeruch,
oder weiße Stuten, glotzäugig von der Peitsche des Blitzes,
und wiehernd, wenn sie es könnten. Doch das Licht wird siegen.
Die Sonne focht mit dem Regen im Laub und siegte;
dann kam der Regen zurück und es war schöner auf See.
Gleichförmiges Nieseln verwischte die Vorgebirge
und jetzt blitzten die Manchineels und die Akazien
vom frischen Regen und dunkel wurden die Kuhhäute
als die Pferde die Köpfe senkten, die Mähnen schüttelten,
und über dem Horizont erschien
ein blasser, beinah unsichtbarer Bogen,
verlosch dann über der Meerenge vor Martinique.
Dies Wunder war für diese Jahreszeit normal.
»Nur für dich kam die Sonne raus«, sagte er.
Und das war die Wahrheit. Das Licht betrat ihre Stirn
und ließ dort ihr Anderssein leuchten.
Die Wiesen trugen Perlen, Dächer glänzten auf Hügeln,
eine Schaluppe kämpfte sich vor gegen Riesenwolken
während sich Flecken aus Sonnenlicht eifrig weiteten
und nach Loslösung strebten, nach Einfachheit.
Wer hat gesagt, daß sie Seite an Seite lagen,
der gewölbte Löffel ihres Leibes in seinem,
in den streifigen Schatten des Mittnachmittags?

IV

The doors are open, the house breathes and I feel
a balm so heavy and a benediction
so weightless that the past is just blue air
and cobalt motion lanced with emerald
and the sail-flecks and the dove's continuous complaint
about repletion, its swollen note of gratitude –
all incantation is the monody of thanks
to the sky's motionless or moving altars,
even to the faint drone of that silver insect
that is the morning plane over Martinique,
while, take this for what you will, the frangipani
that, for dry months, contorted, crucified
in impotence or barrenness, endured, has come
with pale pink petals and blades of olive leaves,
parable of my loin-longing, my silver age.

From the salt brightness of my balcony
I look across to the abandoned fort;
no History left, just natural history,
as a cloud's shadow subtilizes thought.
On a sloped meadow lifted by the light,
the Hessians spun like blossoms from the immortelle,
the tattered pennons of the sea-almond fluttered
to the spray-white detonations of the lilac
against blue the hue of a grenadier, dried pods
of the flamboyant rattle their sabres
and a mare's whinny across the parched pastures
launches white scuds of sails across the channel,
the race of a schooner launched in a canal.
A grey sky trawls its silver wires of rain;
these are the subtleties of the noon sea:
lime, emerald, lilac, cobalt, ultramarine.

IV

Die Türen sind offen, es atmet das Haus, ich spür
einen so schweren Balsam, einen so leichten Segen
daß die Vergangenheit nichts ist als blaue Luft,
Bewegung aus Kobalt, mit Smaragd durchstochen
und Segelflecken und die Dauerklage der Taube
um Überfülle, ihre geschwollene Note der Dankbarkeit –
ein jeder Zauberspruch ist der Gesang des Danks
an die reglosen oder bewegten Altäre des Himmels,
sogar ans schwache Dröhnen jenes Silberfischs,
des Morgenflugzeugs über Martinique,
indes – versteht's wie ihr wollt – treibt der Frangipani,
der die dürre Zeit ertrug, verrenkt am Kreuz
der Unfruchtbarkeit oder Ohnmacht,
blaßrosa Blüten, olivgrüne Blätter,
ein Gleichnis für meine Lendenlust, mein silbernes Alter.

Von meinem Balkon und seiner salzigen Helle
schau ich hinüber zum verlassenen Fort;
keine Historie mehr, nur noch Naturgeschichte,
da ein Wolkenschatten den Gedanken verfeinert.
Auf einem Wiesenhang, den das Licht erhob,
zerstoben die Hessen wie Blüten der Immortelle,
vom Mandelbäumchen flatterten zerfetzte Wimpel
zu den Detonationen des Flieders, weiß wie Gischt
vorm Blau eines Grenadiers, vertrocknete Schoten
des Flamboyant rasseln mit ihren Säbeln
und das Wiehern der Stute über den dürren Weiden
schickt weiße Fetzen aus Segeltuch über die Fahrrinne,
die Spur eines Schoners aus einem Kanal.
Ein grauer Himmel zieht sein silbernes Schleppnetz aus Regen;
am Mittag sind dies die Finessen der See:
Limone, Smaragd, Purpur, Kobalt, Ultramarin.

12

I

Prodigal, what were your wanderings about?
The smoke of homecoming, the smoke of departure.
The earth grew music and the tubers sprouted
to Sesenne's singing, rain-water, fresh patois
in a clay carafe, a clear spring in the ferns,
and pure things took toot like the sweet-potato vine.
Over the sea at dusk, an arrowing curlew,
as the sun turns into a cipher from a green flash,
clouds crumble like cities, the embers of Carthage;
any man without a history stands in nettles
and no butterflies console him, like surrendering flags,
does he, still a child, long for battles and castles
from the books of his beginning, in a hieratic language
he will never inherit, but one in which he writes
»Over the sea at dusk, an arrowing curlew,«
his whole life a language awaiting translation?

Since I am what I am, how was I made?
To ascribe complexion to the intellect
is not an insult, since it takes its plaid
like the invaluable lizard from its background,
and if our work is piebald mimicry
then virtue lies in its variety
to be adept. On the warm stones of Florence
I subtly alter to a Florentine
till the sun passes, in London
I am pieced by fog, and shaken from reflection

12

I

Verlorener Sohn, was sollte deine Wanderschaft?
Der Rauch der Heimkehr, der Rauch des Abschieds.
Musik entkeimte der Erde und die Knollen sprossen
zum Gesang Sesennes, Regenwasser, frisches Patois
in einem Tonkrug, eine klare Quelle im Farnkraut,
und die Reinheit schlug Wurzeln wie die Ranke der Süßkartoffel.
Ein pfeilgrader Brachvogel über der dämmrigen See,
während ein grüner Blitz die Sonne zur Chiffre macht,
Wolken bröckeln wie Städte, die Aschenglut Karthagos;
ohne eine Geschichte steht jeder in Nesseln,
keine Falter können ihn trösten, wie übergebene Fahnen
sehnt er sich, noch ein Kind, nach den Schlachten und Burgen
aus dem Buch seines Beginns, in einer hieratischen Sprache,
die er niemals erbt, doch in der er schreibt
»Ein pfeilgrader Brachvogel über der dämmrigen See«,
sein Leben eine Sprache, die übersetzt werden will?

Da ich bin, was ich bin, wie wurde ich gemacht?
Dem Intellekt einen Teint zuzuschreiben
ist keine Schmähung, denn er bezieht seine Tracht
wie die unschätzbare Eidechse aus seinem Umfeld,
und wenn unser Handwerk in scheckiger Mimikry liegt,
dann ist die Vielseitigkeit seiner Meisterschaft
eine Tugend. Auf dem warmen Pflaster von Florenz
verwandele ich mich in einen Florentiner
bis die Sonne verschwindet, in London
stückelt mich Nebel, in Venedig schütteln mich

in Venice, a printed page in the sun
on which a cabbage-white unfolds, a bookmark.
To break through veils like spiders' webs,
crack carapaces like a day-moth and achieve
a clarified frenzy and feel the blood settle
like a brown afternoon stream in River Doree
is what I pulsed for in my brain and wrist
for the drifting benediction of a drizzle
drying on this page like asphalt, for peace that passes
like a changing cloud, to a hawk's slow pivot.

II

In the vale of Santa Cruz I look to the hills.
The white flowers have the fury of battle,
they lay siege to the mountains, for war
there is the tumult of the white ravines,
and the cascade's assault; they bow their plumes,
Queen Anne's lace, bougainvillea, orchid and oleander,
and they are as white as arrested avalanches,
angry and Alpine, their petals blur into
a white gust from the Matterhorn or the streets of Zermatt.
Both worlds are welded, they were seamed by delight.
Santa Cruz, in spring. Deep hills with blue clefts.
I have come back for the white egrets
feeding in a flock on the lawn, darting their bills
in that finical stride, gawkily elegant,
then suddenly but leisurely sailing
to settle, but not too far off, like angels.

Spiegelbilder, eine bedruckte Seite in der Sonne,
auf der, ein Lesezeichen, der Kohlweißling sitzt.
Schleier wie Spinnenweben durchstoßen,
Kokons zu knacken wie Motten, bis zum geläuterten
Wahnsinn zu kommen, zu spüren daß sich das Blut
klärt wie ein brauner Nachmittagsbach im River Doree,
dafür schlug mir der Puls in Hirn und Hand:
für den ziellosen Segen des nieselnden Regens, der auf diesem Blatt
wie Asphalt trocknet, für Frieden, der weiterzieht
wie eine Wolke, vorm langsamen Drehpunkt des Habichts.

II

Im Tal von Santa Cruz schau ich auf zu den Hügeln.
Die weißen Blumen wüten wie in der Schlacht,
sie belagern die Berge, denn dort heißt Krieg
der Aufruhr von weißen Schluchten,
der Ansturm des Wasserfalls; sie beugen den Federbusch,
Wildmöhre, Bougainvillea, Orchidee, Oleander,
und sind so weiß wie gehemmte Lawinen,
aufgebracht und alpin, ihre Blüten verschwimmen
in weißen Böen vom Matterhorn und den Straßen Zermatts.
Verschweißt sind beide Welten, ihre Naht ist die Freude.
Santa Cruz, Frühling. Tiefe Hügel mit blauen Spalten.
Ich kehrte wegen der Silberreiher zurück,
sie standen im Schwarm auf dem Rasen und stachen, ungelenk
eleganten Schritts, ihre Schnäbel hinein
und segelten plötzlich doch heiter davon
um sich niederzulassen, nicht fern, wie Engel.

III

I wake at sunrise to angelic screams.
And time is measuring my grandchildren's cries
and time outpaces the sepia water
of the racing creek, time takes its leisure, cunning
in the blocked hollows of the pool, the elephantine stones
in the leaf-marked lagoon, time sails
with the soundless buzzard over the smoking hills
and the clouds that fray and change
and time waits very quiet between the mountains
and the brown tracks in the valleys of the Northern Range,
a cover of overhanging bamboo, in Maraval
where, if the bed were steeper, a brown stream races
or tries to, pooling in rocks, with great avail
for me at least, or where a range's blues
and indigo over which wide hawks sail
their shadows on the wells of Santa Cruz,
dark benedictions on the brook's muttering shale,
and the horses are slowly plunging their manes
as they climb up from the paved-with-lilies pond,
so much mythology in their unharnessed necks!
These little things take root as I add my praise
to the huge lawn at the back of the house, a field,
a bright, unaltered meadow, a small savannah
for cries and bicycles and joy-crazed dogs
bolting after pedalling boys, the crescent ghost
of the new moon showing and on the thick slopes
this forest like green billowing smoke
pierced by the flame petals of the immortelle.

III

Bei Sonnenaufgang wecken mich Engelsschreie.
Und die Zeit bemißt das Kreischen meiner Enkel
und die Zeit überholt das sepiabraune
Wasser des sprudelnden Bachs, bummelt listig
in den aufgestauten Senken des Teichs, an den Mammut-
steinen der laubgesäumten Lagune, die Zeit
schwebt mit dem schweigenden Bussard über rauchende Hügel
und wechselnde, fasernde Wolken
und die Zeit wartet, sehr still, zwischen den Bergen
und den braunen Wegen in den Tälern des Northern Range,
dicht bedeckt mit Bambus, in Maraval, wo,
wäre das Flußbett steiler, ein brauner Bach
sich herniederstürzte, durch Felsen gestaut, ein Gewinn
zumindest für mich, wo über den Rücken des Höhenzugs,
sein weites Indigoblau, die Habichte fegen,
finstere Schatten auf den Brunnen von Santa Cruz,
dunkler Segen auf dem murmelnden Schiefer des Bachs,
und langsam neigen die Pferde die Mähnen
und steigen aus dem liliengepflasterten Teich –
soviel Mythologie auf den jochlosen Nacken!
Diese kleinen Dinge wurzeln sich ein, ich füge mein Lob
dem riesigen Rasen hinter dem Haus hinzu, ein Feld,
eine leuchtende, unveränderte Wiese, eine kleine Savanne
für Gekreisch und Räder und freudetrunkene Hunde,
die strampelnden Knirpsen nachjagen; die gespenstische Sichel
des Neumonds erscheint, und an den dichten Hängen
wuchert der Wald wie grün wogender Rauch
durchbohrt von den Flammenblüten der Immortelle.

IV

Petals of the flame tree against ice-cream walls
and the arches across the park with its tacit fountain,
the old idlers on the benches, this is the prose
that spreads like the shade of an immortal banyan
in front of the library, the bulk that darkens
the violin of twilight when traffic has vanished
and nearly over also the colonial regime where the wharves
cradled the rocking schooners of our boyhood to
to echo of vespers in the alien cathedral.
In the hot green silence a dragonfly's drone
crossing the scorched hill to the shade of the cedars
and spiced laurels, the *lauriers canelles*,
the word itself lifting the plurals of its leaves,
from the hot ground, from this page, the singeing smells.
How simple to write this after you have gone,
that your death that afternoon had the same ease
as stopping at the side of the road under the trees
to buy cassava bread that comes in two sorts,
sweet and unsweetened, from the huge cauldron,
on the road between Soufrière and Canaries.
The heat collects in the depths between the ridges
and the high hawks circle in the gathering haze;
like consonants round a vowel, insistent midges
hum round a noun's hexagon, and the hornet's house.
Delve in the hot, still valley of Soufrière,
the black, baking asphalt and its hedges dripping shade
and here is the ultimate nullity despite the moil
of the churning vegetation. The small church
hidden in leaves. In mid-afternoon, the halt –
then dart of a quizzical lizard across the road.

IV

Blüten des Flammenbaums vor eiskremigen Mauern
und den Bögen im Park mit dem schweigenden Springbrunnen,
auf den Bänken die müßigen Alten; diese Prosa verbreitet sich
wie der Schatten eines unsterblichen Banyans
vor der Bücherei, sein Umfang verdunkelt
die Violine des Zwielichts, wenn der Verkehr verschwindet;
fast war die Kolonialherrschaft schon vorbei, als die Molen
die schaukelnden Schoner unserer Kindheit wiegten,
zum Echo der Vesper im fremden Dom.
In der heißgrünen Stille das Brummen einer Libelle,
sie fliegt vom verdorrten Hügel zum Schatten der Zedern
und Lorbeerbäume, der *laurier canelles*,
das Wort hebt selbst die Plurale seiner Blätter empor,
vom heißen Boden, von diesem Blatt, die sengenden Düfte.
Wie leicht sich dies schreibt nachdem du weg bist,
daß dein Tod an jenem Tag so mühelos war
wie der Halt am Straßenrand unter den Bäumen
um Cassavabrot zu kaufen, von dem es zwei Sorten gibt,
süß und ungesüßt, aus dem riesigen Kessel,
auf der Straße zwischen Soufriére und Canaries.
Die Hitze steht in den Klüften zwischen den Kanten
und die hohen Habichte kreisen im wuchernden Dunst;
emsige Mücken umsummen, wie Konsonanten
Vokale, das Hexagon eines Worts und das Haus der Hornisse.
Ergründe das heiße, stille Tal von Soufriére,
schwitzenden, schwarzen Asphalt und schattentriefende Hecken,
und du stößt auf die letzte Nichtigkeit, trotz des Aufruhrs
der wühlenden Vegetation. Die kleine Kirche,
im Laub verborgen. Am hellen Tag das Erstarren –
dann der Spurt einer spöttischen Eidechse über die Straße.

13

I

Flare of the flame tree and white egrets stalking.
Small bridge, brown trace, the new fire station.
And the clatter of parrots at sunrise
and at dusk their small wild souls returning
to the darkening trees, the pouis
against the Santa Cruz hills, orange and vermilion.
And great cities receding, Madrid, Genoa,
and their aisles with soaring arches
in the naves of shadow, the bamboo's basilica
the pillars of palmistes, Doric and Corinthian,
no, the point is not comparison or mimicry
in the incantation of fronds, nor the wafer-receiving
palms of the breadfruit, it is not in the envy
of hazed hills jealous of snow, not in the
pliant, surrendering lances of the cane
at Breda, not the indigo ignorance
that the ridges contain, because in what language
should the white herons talk, and with whose anger
do the wild parrots scream, who has tormented them
as mercilessly as we have tortured ourselves
with our conflicts of origins? Fill
the vessel of the egret with oblivious milk
and drink to the amnesia of Asia
with its yellow beaker, and listen, this time
to the correcting imprecations of the high palms:
»You are all mistaken, that is not what we are saying,
our prayers are not for you, there is nothing imperial

13

I

Das Flackern des Flammenbaums, staksende Silberreiher.
Kleine Brücke, brauner Pfad, die neue Feuerwache.
Papageiengeplapper bei Sonnenaufgang
und am Abend kehren ihre wilden Seelchen
zurück zu den dunkelnden Bäumen, den Pouis
vor den Hügeln von Santa Cruz, orange und zinnoberrot.
Und die großen Städte entschwinden, Madrid, Genua,
ihre Seitenschiffe mit ragenden Bögen entweichen
in die Mittelschiffe des Schattens, die Bambusbasilika,
die Säulen der Palmistes, dorisch und korinthisch,
nein, es geht nicht um Vergleich oder Mimikry
in den Zaubersprüchen der Wedel oder den hostien-
haltenden Händen der Brotfrucht, nicht um den Neid
der dunstigen Hügel auf Schnee, nicht um die
fügsam ergebenen Lanzen des Rohrs
bei Breda, nicht um die blaue Blindheit,
von den Kämmen umschlossen, denn welche Sprache sollen
die weißen Reiher sprechen, und wessen Wut
kreischen die wilden Papageien hinaus, wer hat sie
so herzlos gefoltert wie wir uns selbst
mit all den Kämpfen um unsere Ursprünge? Füllt
das Gefäß des Reihers mit vergeßlicher Milch
und trinkt auf Asiens Amnesie
mit seinem gelben Becher, und dieses Mal hört
auf die strafenden Flüche der hohen Palmen:
»Ihr seid alle im Irrtum, das haben wir nie gesagt,
wir beten nicht für euch, unsere Federbüsche

in our plumes, not for the horsemen of Bornu,
and the shells have no secret, and all your pages flutter
with the hysteria of parrots. Listen, we have
no envy of the white mountains, or of the white horn
above the smothered inns, no envy of the olive
or redoubtable oaks. We were never emblems.
The dawn would be fresh, the morning bliss,
if the light would break on your glaucous eyes
to see us without a simile, not just the green world
or streams where the pebbles are parables
and a plank bridge less than the Ponte Vecchio
or the motley of cocoa, it's jester's hues and tatters
less than the harlequins in that *Rigoletto*
which elated you in Parma, or the slow haze of rain
that dried on the salty esplanade of Pescara,
or the darkness of Bosnia in the clouds of Santa Cruz.
The inheritance which you were sent to claim
defined itself in contradiction; there in that hall
among those porcelain-pink and dour burghers
was an illegitimate ancestor, as equal
as the African fishing through tall river-reeds
to pierce you, threshing on his stick.«

II

And the first voice replied in the foam:
»What is culture if not the horizontal light
of magnificent gardens, statues dissolving in dusk
and fountains whose jets repeat an immortal phrase
to you, vague pilgrim? In long halls,
in incredible colonnades, the busts and portraits
will exist even if they were not looked at, perspectives
indifferent to your amazement. What is immortal

haben nichts Imperiales, nicht für die Reiter von Bornu,
und die Muscheln bergen kein Rätsel, und eure Seiten flattern
wie hysterische Papageien. Hört her, wir sind
auf die weißen Berge nicht neidisch, auf das weiße Horn
über verwehten Hütten, nicht neidisch auf den Ölbaum
oder gewaltige Eichen. Sinnbilder waren wir nie.
Frisch wäre die Dämmerung, köstlich der Morgen,
bräche das Licht durch das milchige Grau deiner Augen,
daß sie uns ohne Vergleiche sähen, nicht nur als grüne Welt,
mit dem Geröll der Bäche als Gleichnis
und der Bretterbrücke als minderen Ponte Vecchio,
den gescheckten Kakaobaum, seine Narrenfarben und -fetzen
als mickrigen Abklatsch der Harlekine des *Rigoletto*
der dich in Parma entzückte, oder dem trägen Regen
der auf der salzigen Promenade Pescaras trocknete
oder die Finsternis Bosniens im Gewölk über Santa Cruz.
Das Erbe, das man zu fordern dich schickte,
bestimmte sich im Widerspruch; in jenem Saal
war unter all den rosig-strengen Bürgern
ein außerehelicher Ahne, dem Afrikaner
ebenbürtig, der im hohen Flußschilf beim Fischen
mit seinem Spieß dich, panisch zappelnd, durchbohrt.«

II

Und im Schaum gab die erste Stimme zur Antwort:
»Was ist Kultur, wenn nicht das waagrechte Licht
herrlicher Gärten, in der Dämmerung schwindende Statuen
und Brunnen, deren Fontänen dir stets, unsteter Pilger,
eine unsterbliche Wendung zurufen? In langen Sälen,
unglaublichen Kolonnaden existieren die Büsten
und die Porträts auch ohne Betrachter, dein Staunen
ist ihrem Anblick egal. Unsterblich ist das,

is what does not need your presence to assess it,
including these lines, even if you were never
disenchanted by the weather in Santiago de Compostela
or the mischievous drizzle on the dull esplanade
of banal Pescara, but you have caught an illness:
the malaria of dusk whose statues never shiver
or cough in the cold, or tremble with influential aspens,
and you will die from this indifference;
the horn of the white mountain above Zermatt
has gored you, and the lamps shine like blood drops
and the mantle rapidly climbs shrouding the snow
when memory blows out its candle
you can feel Europe drawn slowly over your cold brow.«

III

So has it come to this, to have to choose?
The chafe of the breakers' moving marbles,
their lucent and commodious statuary
of turbulent stasis, changing repetition
of drizzling spray that glazes your eyes
like the marble miracles of the Villa Borghese?
Do not diminish in my memory
villages of absolutely no importance,
the rattling bridge over the stone-bright river,
un-ornate churches, chapels in the provinces
of light-exhausted Europe. Hoard, cherish
your negligible existence, your unrecorded history
of unambitious syntax, your clean pools
of unpolluted light over close stones.

was nicht deiner Anwesenheit, deines Urteils bedarf,
auch diese Zeilen; selbst wenn dich nie das Wetter
in Santiago de Compostela enttäuschte
oder das miese Geniesel auf der öden Promenade
im faden Pescara, du hast dich doch infiziert:
mit der Malaria einer Dämmerung, deren Statuen nie
in der Kälte frösteln, hüsteln oder mit wichtigen Espen
erzittern, und diese Gleichgültigkeit wird dich töten;
das Horn des weißen Berges über Zermatt
hat dich zerspellt, und wie Blutstropfen leuchten
die Lampen und rasch steigt der Mantel und deckt den Firn
wenn die Erinnerung ihre Kerze ausbläst
spürst du: man zieht dir Europa über die kalte Stirn.«

III

Ist es wirklich so? Muß man denn wählen?
Das Scheuern der rollenden Marmormurmeln der Brecher,
ihre schimmernd geräumige Bildhauerkunst
aus wilder Stauung, wechselnder Wiederholung
aus sprühender Gischt, der deine Augen glasiert
wie die der Marmorwunder der Villa Borghese?
Verkleinert euch nicht in meiner Erinnerung,
ihr Dörfer ohne die geringste Bedeutung,
die klappernde Brücke über den steinhellen Fluß,
schmucklose Kirchen, Kapellen in den Provinzen
des licht-entleerten Europa. Würdigt und hütet
euer unbedeutendes Dasein, eure unbekannte Geschichte
aus anspruchslosem Satzbau, eure klaren Teiche
aus unverseuchtem Licht über dichten Steinen.

IV

The sound of Paris in the rustling trees
when the leaves talk traffic and the withered pods
of the acacias are dried spices in the cafés
that season reputation; »You don't know Paris?«
»No. Never been there.« »You've got to go.«
»Why?«
          More repulsion: »Why?«
                                        »Yeah. Why?«
»Because its Paris, that's why.«
                                      »I see.«
»No, you don't see, you're being stubborn.«
»Maybe when I get there I'll see.«
»It will change your life.«
                                  »I like my life.«
»You think here is enough?«
                                      »For me it is.«
»Fine.«
          »Anyway I can see Martinique from here.«

For approbation had made me an exile.
In some ways it was like a lamp going out,
or rather the bright leaf of a candle withering
from a bright vermilion to a thinning blue,
and then extinction, then the loss of joy,
but joy in what? In the island or in Italy?
In the impossibility of, implausibility of,
Roberta's Venice or Esperanza's Spain
or walks by some shade-striped leafy canal
with attendant barges. Never to have seen them
or seen her, the orange flame of their cities –
a wall alert in dusk with its candle-spires
blown into acceptable oblivion.

IV

Der Lärm von Paris in den rauschenden Bäumen
wenn die Blätter plaudern und die welken Akazien-
schoten gedörrte Gewürze sind in den Cafés
die den guten Ruf fördern; »Du kennst Paris nicht?«
»Nein. Nie dagewesen.« »Da mußt du hin.«
»Warum?«
Noch mehr Abscheu: »Warum?«
»Ja. Warum?«
»Weil's Paris ist. Darum.«
»Aha. Verstehe.«
»Gar nichts verstehst du, du bist nur bockig.«
»Wenn ich mal hinkomme, versteh ich's vielleicht.«
»Es wird dein Leben ändern.«
»Ich mag mein Leben.«
»Du glaubst, das hier ist genug?«
»Für mich ja.«
»Na prima.«
»Jedenfalls kann ich von hier aus Martinique sehen.«

Denn durch Zustimmung war ich zum Fremdling geworden.
Fast war es, als sei eine Lampe verlöscht
oder besser als welkte der helle Halm einer Kerze
vom hellen Zinnober zu bläßlichem Blau,
dann das Aus, dann der Verlust der Freude,
aber Freude worüber? Über die Insel oder Italien?
Über die Unmöglichkeit, die Unwahrscheinlichkeit
von Robertas Venedig oder Esperanzas Spanien
oder Wegen im streifigen Schatten belaubter Kanäle
mit wartenden Kähnen. All dies nie gesehen zu haben,
oder sie und die orange Flamme ihrer Städte –
eine Mauer, im Zwielicht hellwach, ihre Kerzentürme
verlöschend in annehmbarem Vergessen.

The huge doors close of the immense museum
the clock face of the bullring contracts its shadow
and yet it is the same sun that lets the cliffs
of Canaries plunge into a blue dusk, as day blows out,
and the lights of tiny dwellings riddle the Morne.
Cherish their foreheads, the brow's blank openness,
that you shared adoration. Yet what was adored,
the city or its women? Aren't they the same,
and without the candle in the heart still bending
like a moving altar towards the admired
in the love that has no epoch, no history?
No question. And are both places blent?
Blent into this, whatever this thing is?

And the cracked heart and the dividing mind
yawn like a chasm, from too many fissures
like the blanched Alps or in the khaki drought
a *falaise* in Choiseul, around D'elles Soeurs.

Die Tore des riesigen Museums schließen sich
das Zifferblatt der Stierkampfarena verengt seinen Schatten
und dennoch ist es dieselbe Sonne, die, da der Tag
verlöscht, die Klippen von Canaries in dämmriges Blau taucht
und die Morne mit den Lichtern der winzigen Siedlungen löchert.
Würdige ihre Häupter, die offenen Stirnen,
daß du ihre Verehrung teiltest. Was aber wurde verehrt,
die Stadt oder ihre Frauen? Sind sie nicht dasselbe,
und ohne daß sich die Kerze im Herzen verneigt
vor dem Bewunderten wie ein bewegter Altar,
in Liebe, die keine Epoche, keine Geschichte kennt?
Keine Frage. Und sind beide Orte vermischt?
Zu diesem Etwas vermischt, was immer es ist?

Und das rissige Herz und der geteilte Geist
klaffen mit ihren Schrunden wie eine Spalte
wie die bleichen Alpen oder, in der khakibraunen Dürre,
eine *falaise* in Choiseul, dicht bei D'elles Soeurs.

14

I

From a blue keg, the barrel's thumb-tuned goatskin,
the choirs of ancestral ululation
are psalms and pivot for the prodigal
in a dirt yard at Piaille, are confrontation,
old incantation and fresh sacrifice
where a ram is tethered, without the scrolled horns,
wool locks and beard of the scapegoat,
in the Old Testament, or black blood gushing in a trench
in Attic ceremony and rite. Death softens the eyes
of the still, unbleating sheep, a common ewe,
as for you this is common. There is no awe
in repetition, no claim, no tribal ecstasy,
no pardon in the bent smoke from Guinea,
the sprinkled white rum, or the meal crumbled
on the small stone altar, in the broken memory
of the slaver's coast and the braided villages
of thatch and coalpot from the salted passage
to this paralysis where your pale feet cannot keep time
feel no communion with its celebrants,
they keep another time, the time you keep
comes with a different metre, your skin
what sheath and prison that it has become
as a dried chrysalis with no resurrection
and one unwished for. Star-embers fade.

14

I

Vom blauen Faß, der daumengetrommelten Ziegenhaut,
ertönen die wehklagenden Chöre der Ahnen,
Psalmen und Drehpunkt des verlorenen Sohns
im schmutzigen Hof bei Piaille, Konfrontationen,
alter Zauber und frisches Opfer
wo man den Widder fesselt, ohne die Schnörkelhörner,
die wolligen Zotteln, den Bart des Sündenbocks
im Alten Testament oder das schwarz sprudelnde
Blut im Graben des attischen Ritus. Der Tod besänftigt
die Augen des reglosen Schafs, ein gewöhnliches Tier,
auch für dich ist dies alles gewöhnlich. Es liegt keine Ehr-
furcht im Wiederholen, kein Anspruch, keine Stammesekstase,
keine Vergebung im krummen Rauch aus Guinea,
dem geträufelten Rum, dem zerkrümelten Mehl
auf dem kleinen Steinaltar, im gebrochenen Gedächtnis
der Sklavenküste und der umflochtenen Dörfer
aus Stroh und dem Feuerkorb auf der salzigen Überfahrt
bis zu dieser Lähmung, da deine blassen Füße, aus dem Takt
geraten, mit den Feiernden keine Gemeinschaft fühlen,
die ein fremdes Zeitmaß kennen, du hältst den Takt,
den ein anderes Versmaß diktiert, deine Haut –
welche Hülle, welch ein Gefängnis ist sie geworden
wie ein trockner Kokon ohne Auferstehung
und einer, die ich nicht will. Sternglut verlöscht.

II

I could give facts and dates, but to what use?
In the lush chasms and fissures of Choiseul
an ogre bred my grandam, whelped my father,
erected my tall aunts; slopes with potato vines,
and the narrow, clean water of River Doree,
the fragrant hogplums and chapel of La Fargue;
go in search of his own shire, unlatch a gate
that opens into Albion, its faery flowers,
its source of intellectual bastardy,
without embarrassment or degradation,
without belligerence or accusation
and mostly selfishly, without self-contempt,
a curious and self-nourishing integer
outside their given numbers and their dates,
as nameless as the bush, beyond heredity
or prophecy, or the quiet panic of clocks,
the shallow penitence of mirrors. Mongrel.
And out of this chord, this discord will come
the Atlantic's drone, the Caribbean hum
of chaos in an ochre afternoon
the enclosing harmony that we call home
when the sea mints its quicksilver, when
the cedars sag and the light ends up with nothing.
The facts! The Facts! The history. The cause.
You need a history to make your case.

II

Ich könnte Fakten und Daten nennen, aber wozu?
In den üppigen Schrunden und Spalten von Choiseul
deckte ein Scheusal die Großmutter, warf meinen Vater,
errichtete meine Tanten; Kartoffelstauden an Hängen,
und das schmale, klare dunkle Wasser des River Doree,
die duftenden Hogplums und die Kapelle La Fargues;
mach dich auf in seine Grafschaft, entriegele ein Gatter
das sich nach Albion öffnet, zu seinen Feenblumen,
zur Quelle geistiger Bastardschaft,
ohne Scham oder Erniedrigung,
ohne Streitlust oder Beschuldigung,
eigennützig vor allem, ohne Selbsthaß,
eine seltsame, selbst sich nährende Größe
jenseits ihrer bekannten Zahlen und Daten,
namenlos wie der Busch, jenseits jeder Vererbung,
Prophezeiung und der stillen Panik der Uhren,
der seichten Buße der Spiegel. Mischling.
Und aus diesem Akkord wird dieser Mißklang entstehen
das Gedröhn des Atlantiks, das karibische Chaosgesumm
an einem ockerfarbenen Nachmittag
die uns umfassende Harmonie, die wir Heimat nennen
wenn die See ihr Quecksilber münzt, wenn die Zedern
erschlaffen und das Licht am Ende dasteht mit nichts.
Die Fakten! Die Fakten! Die Geschichte. Die Ursache.
Eine Geschichte ist nötig, willst du deine Sache vertreten.

III

1492. 1833. 1930.
Dates. The one thing about which there is no discourse.
Dates multiplied by events, by consequences,
are what add up to History. We have a few coins
struck for a mere handful of events,
as amateur numismatists, regal profiles,
none worthy in the traditional way of memory,
slavery being an infinity of endeavour
without pause or payment, without commemoration,
only the long division of day into dark,
of drought into rainburst, equinoxes glide
over their own shadows, and all our dates,
our calendars, hymns and anniversaries,
were bequeathed to us. Left to itself
the brain would be mantled like coral in the cool
shade of a reef's outcrop and turret, swayed
like reeds in meditation, dateless.
The petals of the sun curl, wilting on its stalk –
here comes the quiet lily crescent of the moon.

IV

From this thick tree issues miraculous bread.
The breadfruit makes itself from copious shade,
whose dial is the ground's dry, palmate leaves,
a voluble, invaluable dome, a library,
where all the town's talk is stored,
and in whose core is coiled – a tempest,
a rising sea in wind, the spinning pages
of remorseful texts, Bligh's log and cannonballs
and bowling thunder, shelter from the rain

III

1492. 1833. 1930.
Daten. Das einzige, was keiner bestreitet.
Daten, mit Ereignis und Folgerung multipliziert,
summieren sich zu Historie. Wir haben ein paar Münzen,
geprägt für ein halbes Dutzend Ereignisse,
als Amateurnumismatiker, Fürstenprofile,
keines der üblichen Art des Gedächtnisses wert,
denn die Sklaverei ist nur endlose Anstrengung
ohne Pause und Lohn, ohne Erinnerungsfeiern,
nur die ewige Teilung des Tages ins Dunkel,
der Dürre in Regenschauer, Tagundnachtgleichen gleiten
über die eigenen Schatten hinweg, und all unsere Daten,
Kalender, Kirchenlieder und Jahrestage
wurden uns vererbt. Sich selbst überlassen
wird das Hirn überwuchert wie Korallen im kühlen
Schatten der turmartig ragenden Riffs, schwankt
beim Denken wie Schilfgras, ohne Daten.
Die Blüten der Sonne kräuseln sich, welken am Stiel –
hier kommt die stille Liliensichel des Mondes.

IV

Von diesem dicken Stamm fällt wundersames Brot.
Die Brotfrucht erschafft sich aus reichem Schatten,
der über dürren Blätterfingern am Boden liegt,
eine wortreiche, wertvolle Kuppel und Bücherei,
die all das Stadtgespräch beherbergt,
in deren Herzstück sich – ein Sturmwind dreht,
die aufgewühlte See, die wirbelnden Seiten
reuiger Texte, Blighs Logbuch und Kanonenkugeln
und rollender Donner; Schutz vor dem Regen

and so magnanimous in circumference
that it has no time without shade, and shade
is suffering. The sun makes their suffering mute.
This bedraggled backyard, this unfulfilled lot,
this little field of leaves, brittle and fallen,
of all the cities of the world, this is your centre.
O to be luminous and exact! As this tree is
in ripening sunshine, that your own leaves should shine
with nourishment, and give such shade and peace,
the mirror of each canvas that you sign.
Despite acclamation, despite contempt,
I was never part of that catalogue
in spite of friends in the same business
neither of the free-verse orthodoxy, nor the other –
the clogged, elegiac thickness of memory;
farther away from all that, forever,
knee-high in the foam of the page
wading by sounding caves.
Gradually it hardens, the death-mask of Fame.

V

And Sancta Trinidad. It is that sacred to me.
However fragmentary, through a sunlit hedge,
by the running of clear water over the sun-wiry stones
and a cool hoarding of bamboos without a bridge
phrases of Spain in summer, in the vale of Santa Cruz,
perhaps because of the name, but the bamboo's fountains
arch, sounding sweet, surreptitious, twittering leaves
and shadows moving over indigo mountains.

In a green street of hedges and vermilion roofs,
and gates that creak open into banana yards

und das in derart großherzigem Umkreis
daß hier zu keiner Zeit der Schatten fehlt, und Schatten
bedeutet Leid. Die Sonne läßt ihr Leid verstummen.
Dieser verdreckte Hinterhof, dies unerfüllte Land,
dies kleine Feld aus Blättern, welk und mürbe,
dies ist, von all den Städten dieser Welt, dein Zentrum.
Ach, hell zu leuchten und genau zu sein!
Wie dieser sonngereifte Baum, daß deine Blätter
lichte Nahrung und solchen Schatten, solchen Frieden
gäben, wie jede Leinwand, die du unterzeichnest.
Trotz Beifall, trotz Verachtung
gehörte ich niemals zu jener Liste
trotz all der Freunde in der gleichen Branche
nicht zur Fraktion des freien Verses, nicht zur anderen –
der klumpig elegischen Erinnerung;
von all dem weiter weg, für immer,
knietief im Schaum der Seite watend
vorbei an dröhnenden Höhlen.
Langsam härtet sie aus, die Totenmaske des Ruhms.

V

Und Sancta Trinidad. Für mich ist es so heilig.
Nur bruchstückhaft, durch eine sonnenhelle Hecke,
wo klares Wasser über die sonnigen Steine rinnt,
durch kühle Bambuszäune ohne Brücke:
Floskeln aus Spanien im Sommer, im Tal von Santa Cruz,
vielleicht wegen des Namens, doch die Bambusfontänen
biegen sich, süß raschelnd, verstohlen, mit zwitschernden Blättern,
und Schatten ziehen über indigoblauen Hängen.

Auf einer grünen Straße an Hecken und hellroten Dächern
und knarrenden Gattern vor Bananenplantagen

and doors that groan on the evocation of ginger
behind which are the hill with five cresting palms
whose long fingers are stirring tropical almanacs
darkened with rain over the grey savannahs
of zebu and bison and the small chalk temples
of an almost erased Asia, and the ovations of cane
through which turbaned horsemen carry feathering lances.
The cloud-white egret, the heron whose hue
is wet slate, move through a somnolence
as sweet as malaria to a child whose parched lips
are soothed by a servant or his own mother,
to the sudden great sound of rain on the roofs,
cloudburst of benediction, dry seas in his ears.

und Türen, die ächzen bei der Beschwörung von Ingwer
dahinter der Hügel, bekrönt mit fünf Palmen
deren lange Finger im tropischen Almanach wühlen
den der Regen verdunkelt über den grauen Savannen
von Zebu und Bison, und die kleinen Kalktempel eines beinah
ausgelöschten Asiens und die Ovationen des Rohrs
durch das turbangeschmückte Reiter gefiederte Lanzen tragen.
Der wolkenweiße Reiher und der mit Gefieder
wie naßgrauer Schiefer, sie schreiten durch schläfriges Land
das so süß wie Malaria ist für ein Kind, dem ein Diener
oder die eigene Mutter die trockenen Lippen kühlt,
begleitet vom jähen Getöse des Regens auf Dächern,
Wolkenbruch des Segens, im Ohr trockene Meere.

15

I

Ritorno a Milano, if that's correct.
Past the stalagmites of the Duomo
the peaches of summer are bouncing
on the grids of the Milanese sidewalks
in halters cut loose to the coccyx.
I look and no longer sigh for the impossible,
panting over a cupidinous coffee
like an old setter that has stopped chasing pigeons
up from the piazza. The skirts fly from me
without actual levitation, the young waiter
scrapes the crumbs of my years from the tablecloth.

Old man coming through the glass, who are you?
I am you. Learn to acknowledge me,
the cottony white hair, the heron-shanks,
and, when you and your reflection bend,
the leaf-green eyes under the dented forehead,
do you think Time makes exceptions, do you think
Death mutters, »Maybe I'll skip this one«?
the same silent consequence that crept across
your brother perilously sleeping, and all the others
whose silence is no different from your brother's.

There is an old man standing in the glass door there,
silent beyond raging, beyond bafflement,
past faith, whose knees easily buckle,
toothless at sunrise with white knotted hair,

15

I

Ritorno a Milano, wenn das so stimmt.
Vor den Stalagmiten des Duomo
hüpfen die Pfirsiche dieses Sommers
auf den Gittern der mailändischen Trottoirs
in Trägerkleidchen, offen bis zum Steißbein.
Ich sehe hin, das Unmögliche nicht mehr beseufzend,
und keuche über einem unkeuschen Kaffee
wie ein alternder Setter, der keine Tauben mehr aufscheucht
von der Piazza. Die Röckchen flüchten vor mir
ohne aufzuflattern, der junge Kellner
kratzt die Krumen meiner Jahre vom Tischtuch.

Du Greis, der durch die Glastür kommt, wer bist du?
Ich bin du. Lerne mich anzuerkennen,
das wattige weiße Haar, die Reiherschenkel
und, wenn sich beide, du und dein Spiegelbild, beugen,
die blattgrünen Augen unter der wulstigen Stirn
(meinst du, die Zeit macht Ausnahmen, hörst du
den Tod murmeln: »Vielleicht lasse ich den da aus«?)
und die gleiche, schweigende Folgerung, die deinen Bruder
in seinem gefährlichen Schlaf beschlich
und die anderen, deren Schweigen dem seinen glich.

Da steht ein Greis in jener Glastür, schweigend
jenseits von rasender Wut, von Verwirrung
und Glauben, dem leicht die Knie weich werden,
zahnlos am Morgen, mit weißem, filzigen Haar,

who sometimes feels his flesh cold as the stone
that he will lie under, there where the sea-almonds
blaze in drought, and where a radiant sea
in an inexplicable exultation
exclaims its joy, and where the high cemetery
of marble clouds moves ponderously, lightly,
as if that were a heaven for old men
where those who have left await him,
cities of clouds and ghosts and whatever they mean.
All of the questions tangle in one question.
Why does the dove moan or the horse shake its mane?
Or the lizard wait on the white wall then is gone?

II

In my effort to arrive at the third person
has lain the ordeal; because whoever the »he« is,
he can suffer, he can make his own spasms, he can die;
I can look at him and smile incontrollably.
I can study the blotches on his hands,
his multiplying moles, his netted eyes,
the gestures that observe the predictions of fiction
in resting a cup of coffee in its saucer,
e'n la sua volontade è nostra pace,
in His will is our pizza.
Grey barges under grey sky on the grey river.
And like the Irish beauty's signature,
a cirrus sky scrawled with longing for return.

dessen Fleisch sich mitunter so kalt anfühlt wie der Stein
der über ihm liegen wird, wo in der Dürre
die Seemandeln lodern und wo eine leuchtende See
mit unerklärlichem Frohlocken
ihren Jubel hervorjauchzt und wo der mächtige Friedhof
marmorner Wolken schwer, leicht, dahintreibt,
als wäre dies ein Himmel für alte Männer
wo die, die weg sind, ihn erwarten,
Städte aus Wolken und Geistern und ihr tieferer Sinn.
In einer Frage verstrickt sind alle Fragen.
Warum wirft das Pferd die Mähne, warum muß die Taube klagen?
Warum wartet die Echse auf weißer Wand und wo ist sie hin?

II

Die Qual bestand in meinem Bemühen
zur dritten Person zu finden, denn wer immer »er« ist,
er kann leiden, sich selbst verkrampfen, kann sterben;
ich kann ihn ansehen und zügellos lächeln.
Ich kann die Flecken auf seiner Hand betrachten,
die sich mehrenden Muttermale, die geäderten Augen,
die Gestik, die die Richtungsangaben der Dichtung beachtet,
wenn die Tasse Kaffee in der Untertasse plaziert wird,
e'n la sua volontade è nostra pace,
in Seinem Willen liegt unsere Pizza.
Auf dem grauen Fluß unter grauem Himmel graue Kähne.
Und wie die Unterschrift der schönen Irin
das Gekritzel über dem Zirrushimmel: Heimweh.

III

Lemons of Montale against an ochre wall
in a garden raging with dragonflies.
This is your city of annual invitations
predictably in spring or the sweat-beads of summer
when skins are turning brown and sunglasses
repeat anonymity, and that avenue of elms
or broad-shouldered oaks whose name you haven't learnt
moves from temperate to tropical, when awnings unfurl
with an exultant rattle and umbrellas open
like wooden sunflowers near the beehives of the Duomo
in Mediterranean Milan pretending it is Nice;
so an adopted city slides into me,
till my gestures echo those of its citizens,
and my shoes that glide over a sidewalk grating
move without fear of falling, move as if rooted
in the metre of memory, of Milanese motion,
without longing for Florence, walking on the water
of a Venice crammed with churches, walking
in the agitation of the ordinary,
in the excitement of boredom. Not only cupolas
define a great city, but also lanes
where we think we are lost, guided by Paola,
of brown and ochre cul-de-sacs, no no this is not
the restaurant this is some kind of Academy
away from the traffic, with, say, a bright tree
alert in the sunshine, let's call it a linden,
or a chestnut or plane-tree, then, most alarming:
something close to a palmiste in its heraldry
its Corinthian coils, a palm like an amen
to which I still can never say home,
as generous as it is, as close, that has become,
across a furled map, the compass of my heart.

III

Montales Zitronen vor ockerbrauner Wand
in einem Garten, der von Libellen wimmelt.
Dies ist die Stadt deiner jährlichen Einladung,
immer im Frühling oder im Schweißperlensommer
wenn Häute sich bräunen und Sonnenbrillen
das Anonyme verstärken und die Allee aus Ulmen
oder breiten Eichen, deren Namen du nicht gelernt hast,
erst warm ist, dann tropisch, wenn mit frohlockendem Rasseln
sich die Markisen entrollen und Schirme sich öffnen
wie Holzsonnenblumen am emsig umschwirrten Dom
im mediterranen Mailand, das sich als Nizza tarnt;
so schlüpft eine Stadt meiner Wahl in mich hinein
bis meine Gestik die ihrer Bürger nachahmt
und meine Schuh ohne Angst vor dem Sturz über Gitter
im Gehweg gleiten, wie in Erinnerung verwurzelt,
dem vertrauten Versmaß, dem Metrum von Mailand,
ich sehne mich nicht nach Florenz, nicht nach dem Gang
auf den Wassern des mit Kirchen verstopften Venedig,
ich gehe umher, vom Alltag heftig bewegt,
durch Langeweile erregt. Eine große Stadt
wird nicht nur von Kuppeln geprägt, auch von Sträßchen
in denen wir uns, geführt von Paola, verlaufen,
ockerbraune Sackgassen, nein, nein das ist nicht
das Restaurant das ist eine Akademie oder so
fern vom Verkehr, warum nicht mit einem leuchtenden
hellwachen Baum in der Sonne, eine Linde zum Beispiel,
eine Kastanie oder Platane, dann, Schreck laß nach:
ein Baum wie ein Palmiste in seiner Heraldik,
den korinthischen Kringeln, ein Baum wie ein Amen,
den ich aber nicht Heimat nennen kann,
trotz seiner Nachsicht und Nähe, doch auf gerollter
Karte wurde er mir zum Kompaß des Herzens.

IV

Verona, Bremerio, Campogalliano,
my mind goes down that side-road in the sun.
Who struggled there, in that decayed farmhouse
with eyeless windows and a tongueless door
that once spoke Latin, its roof crusted with rust
and crumbled walls the colour of dead straw,
road where their sandals raised a fading dust?
Who marched there, what lances, what standards
filed through the rattling maize where the mole hid,
the vole scuttered or the brown hawk
soared with a rusted scream and the velvet otter
left O O o o.

At breakfast on the white terrace in Rimini
the young waitress was a replica of my first love –
the jutting lower lip, its provocative pout,
the streaks of blond hair, the Asiatic cheekbones,
and slanted sea-grey eyes the Adriatic.
Christ, over fifty years. Half a century!
It was forever morning on the harbour
and there was only one subject – Time.
Then Italy was the gamboge cubes of brick
that were the old cantonment, a corner of Giorgione,
above the clear dance of Botticelli waves.

IV

Verona, Bremerio, Campogalliano:
dieser sonnigen Nebenstraße folge ich in Gedanken.
Wer plagte sich dort, in jenem verwahrlosten Hof
mit den blicklosen Fenstern und der Tür ohne Zunge,
die einstmals Latein sprach, das Dach verkrustet mit Rost,
die bröckelnden Mauern fahl wie erstorbenes Stroh,
der Straßenstaub, den ihre Sandalen aufstörten?
Wer marschierte hier durch, welche Lanzen und Fahnen
durchdrangen den raschelnden Mais, wo der Maulwurf
hockte, die Wühlmaus huschte und der braune Habicht
sich aufschwang mit rostigem Schrei und der samtige Otter
dies hinterließ: O O o o.

Frühstück auf der weißen Terrasse in Rimini.
Die junge Kellnerin war eine Kopie meiner ersten Liebe –
die üppige Unterlippe der schmollenden Schnute,
blonde Strähnen, asiatische Wangenknochen
und die Adria in den schrägen, meergrauen Augen.
Großer Gott, über fünfzig Jahre. Ein halbes Jahrhundert!
Ein ewiger Morgen lag über dem Hafen
und es gab nur ein Thema – die Zeit.
Italien war damals das rotgelbe Ziegelpflaster
des alten Winterquartiers, ein Eckchen Giorgiones,
über dem glasklaren Tanz der Botticellischen Wellen.

16

I

Sunlight on the buildings on the hills over Genoa
in the chill spring, the gulls know each other.
Where the open channel breaks into high spray
and a sailor dips deeper and higher on the bowsprit
clouds will congeal into islands, the rattling anchor-chain
of an archipelago; Genoa thins.
As Genoa thins, everything diminishes,
the mountains, the dry hill with its castle.

In those small, missal-size booklets
mostly in ochre monochrome, stone-pocked
and bristling hillocks showed a landscape
tufted with cypresses and dusty poplars
and roads with tiny cantering horsemen
and cuts with tiny horsemen cantering
towards a castle, and overhead and emblems
in the cracked blue, a bird flock halted,
as wind spins their pages backwards into spray.

16

I

Sonnenlicht auf den Häusern der Hügel über Genua
im kühlen Frühling, die Möwen kennen sich.
Da, wo die offene Fahrrinne aufbrandet zu Gischt
und der Matrose am Bugspriet hinauf- und hinabtaucht
gerinnen Wolken zu Inseln, zur Ankerkette
eines Archipels; Genua verschwimmt.
Indem es verschwimmt, verkleinert sich alles,
die Berge, der trockene Hügel mit seiner Burg.

In jenen Heftchen, kleinformatig wie Meßbücher
und meist in monochromem Ocker, zeigte
die Landschaft stoppelig steinvernarbte Hügelchen
mit Büscheln von Zypressen und staubigen Pappeln
und auf den Landsträßchen winzige kanternde Reiter
und Stiche, auf denen winzige Reiter einer Burg
entgegenkantern, und darüber, Sinnbilder
im rissigen Blau, ein Vogelschwarm, zum Stillstand gebracht,
als der Wind ihre Seiten wieder verwirbelt zu Gischt.

II

A grey dawn, dun. Rain-gauze shrouding the headlands.
A rainbow like a bruise through cottony cumuli.
Then, health! Salvation! Sails blaze in the sun.
A twin-sailed shallop rounding Pigeon Island.
This line is my horizon.
I cannot be happier than this.

III

There is this fine, invisible drizzle on the sea
almost hazing the headland and he feels
that humming that goes on in the tired heart
once you are home; between distance and time
it had to come; so, as for my Venetian,
it is farewell to her, if not to Canaletto,
to the silvery-green wavelets of the busy lagoon
hecting with poling gondolas, farewell black hair
with its glints of rust, to sighing bridges,
to the fresco's sky, as cracked as his heart.

IV

I have been blent in the surface of the frescos,
in the cracked halos, the tight, eternal gestures –
admonishing finger, creaseless brow, in the folds
of a sea-blue mantle, in hilltop turrets
and a resting fly. So, when I am dissolved,
what is that dissolution? My race, my sun?
The precipices of my island, that, despite themselves,
mimic the fissures of Reggio Calabria,

II

Ein mausgrauer Morgen. Regendunst hüllt die Landzungen ein.
Ein Regenbogen: Bluterguß hinter Baumwollwolken.
Dann: Heil! Erlösung! Segel leuchten im Sonnenlicht.
Eine Schaluppe mit Doppelsegel vor Pigeon Island.
Mein Horizont ist dieser Strich.
Glücklicher kann ich nicht sein.

III

Das feine, unsichtbare Nieseln auf See
vernebelt die Landzunge fast, und er spürt
das Gesumm, das anhebt im ermüdeten Herz
sobald du zu Hause bist; so mußte es kommen
zwischen Ferne und Zeit; also sag ich Adieu
meiner Venezianerin, wenn auch nicht Canaletto,
den silbergrünen Wellchen der emsigen Lagune,
wimmelnd von wippenden Gondeln, Adieu dem schwarzen Haar
mit seinem rostroten Schimmer, den seufzenden Brücken,
dem Himmel des Freskos, so rissig wie sein Herz.

IV

Ich wurde vermischt in die Flächen der Fresken,
in die rissigen Glorien, die knappen, ewigen Gesten –
den warnenden Finger, die glatte Stirn, in die Falten
eines meerblauen Mantels, in die Türmchen der Hügel
und eine rastende Fliege. Wenn ich dann aufgelöst bin,
was ist jene Auflösung? Meine Rasse, meine Sonne?
Die Klippen meiner Insel, die, gegen ihren Willen,
die Schrunden von Reggio Calabria nachahmen,

to feel my skin change, my delight translated?
Museums are the refuge of the prodigal.
I am not made subtly Italian, there is no betrayal,
there is no contradiction in this surrender,
nor heredity in delight in the knuckles of a Mantegna
or abounding Botticellian locks, nor that housefly
in the corner of Crivelli; O prodigal,
your momentary statue made by a traffic light
on that sunlit corner across from the newspaper kiosk
where the glass bank prints your transient reflection,
less permanent than a frame from Ghirlandaio!

zu fühlen, wie sich meine Haut, meine Freude verwandelt?
Museen sind die Zuflucht des verlornen Sohns.
Ich werde nicht heimlich zum Italiener, kein Verrat,
kein Widerspruch liegt in dieser Ergebung,
keine Vererbung in der Freude über Mantegnas Knöchel
oder Botticellis Lockenpracht oder die Fliege
in der Ecke jenes Crivelli; o verlorener Sohn,
dein flüchtiges Standbild, von der Ampel erschaffen
an der sonnigen Ecke gegenüber vom Zeitungskiosk
wo die gläserne Bank dein vorübergehendes Abbild druckt,
vergänglicher als ein Rahmen Ghirlandaios!

17

I

Into this fishing village, the hot zinc of noon,
its rags of shadow, the reek from its drains,
and the mass of flies around the fish-market,
where ribbed dogs skitter sideways,
is this one where you vowed a life-long fealty,
to the bloated women with ponderous breasts
and the rum-raddled, occasional fishermen,
over an ochre alley near the walls of Parma,
with the monumental portrait of Guiseppe Verdi?
What did you swear to uphold? This filth?
Or the aria that soars like a banner from its gates?

There was a vow I made, rigid apprentice,
to the horizontal sunrise, acolyte
to the shallows' imprecations, to the odour
of earth turned by the rain, to the censer of mist,
to the pennons of cocoa, though I hated its darkness,
to the wrist of a cold spring between black rocks,
and any road that lost its mind in the mountains,
to the freight train of the millipede, to
the dragonfly's biplane, and the eel's submarine,
as the natural powers I knew, swearing not to leave them
for real principalities in Berlin or Milan,
but my craft's irony was in betrayal,
it widened reputation and shrank the archipelago
to stepping stones, oceans to puddles, it made
that vow provincial and predictable
in the light of a silver drizzle in, say, Pescara.

17

I

Der heiße Zink des Mittags auf diesem Fischerdorf,
seine Schattenfetzen, der Gestank seiner Gossen
und die Massen von Fliegen am Fischmarkt,
wo gerippte Köter zur Seite springen –
hast du all dem deine lebenslange Treue geschworen,
den fetten Frauen mit schweren Brüsten
und den rumgeröteten Gelegenheitsfischern,
mehr als der ockergelben Gasse an den Mauern von Parma
mit ihrem massigen Porträt Guiseppe Verdis?
Wem schwurst du Beistand? Diesem Dreck?
Oder der Arie, die fahnengleich von diesen Toren flattert?

Einst schwor ich Treue, starrer Lehrling,
dem Horizont der Morgensonne, Jünger
der Flüche des Flachwassers, dem Duft der Erde,
die der Regen pflügt, dem Rauchfaß des Dunstes,
den Wimpeln des Kakaobaums, obwohl ich sein Dunkel haßte,
dem Handgelenk des kalten Quells im schwarzen Fels
und jedem Weg, der in den Bergen irre wurde,
dem Güterzug des Tausendfüßlers, dem
Doppeldecker der Libelle, dem U-Boot des Aals,
als den Naturgewalten, die ich kannte, und ich schwor,
sie den wahren Mächten in Berlin und Mailand nie zu opfern,
die Ironie meines Handwerks aber lag im Verrat,
es brachte breites Ansehen und schrumpfte den Archipel
zu Trittsteinen, Ozeane zu Pfützen, es machte
jenen Schwur vorhersagbar und provinziell
im Silberlicht des Geniesels, zum Beispiel in Pescara.

II

Compare Milan, compare a glimpse of the Arno,
with this river-bed congealed with rubbish.
I have seen Venice trembling in the sun,
shadow-shawled Granada and the cork groves of Spain,
across the coined Thames, the grey light of London,
the drizzles sweeping Pescara's esplanade
and stone dolphins circling the basin of a fountain,
but, on the sloping pastures behind Gros Piton,
in the monumental shadow of that lilac mountain,
I have seen the terrestrial paradise.
And why waste all that envy when they take
as much pride in their suffering as in their cathedrals,
a vanity indifferent to proportions?
I have seen me shift from empire to empire;
I should have known that I would wind up beached
as I began on the blazing sand
rejected by the regurgitating billows
retreating with their long contemptuous hiss
for these chaotic sentences of seaweed
plucked by the sandpiper's darting concentration.
Be the one voice; the white Alps and the lace
of blossoms blown past the hotel window
or the leaves from the train window where you sat
through which you saw the ghost that is now your face
the poui's petals in the street lights of Zermatt.

O Altitudino! And my fear of heights.
But in Zermatt it was the clear, dry cold
that is the delight of skiers and of angels
over riven crevices where the old snow was packed
and the new snow almost blinded. Not different,
the one celestial, real geography.

II

Vergleiche Mailand, vergleich einen Blick auf den Arno
mit diesem im Abfall erstarrten Flußbett.
Ich habe Venedig gesehen, im Sonnenlicht zitternd,
das schattenverhüllte Granada, die Korkhaine Spaniens,
über dem Münzengeglitzer der Themse das graue Licht Londons,
das Geniesel über der Promenade Pescaras
und Delphine aus Stein um den Rand eines Brunnens,
doch auf den Hängen hinter Gros Piton,
im Riesenschatten dieses purpurnen Berges,
sah ich das irdische Paradies.
Und warum all den Neid vergeuden, wenn sie so stolz
auf ihre Leiden wie auf ihre Dome sind,
eine Eitelkeit, der jedes Augenmaß gleichgültig ist?
Ich sah mich von Weltreich zu Weltreich wechseln;
ich hätte wissen können, daß ich stranden würde
als ich auf dem gleißenden Sand begann
von den wiederkäuenden Wellen verworfen
die sich verächtlich zischend zurückziehen
wegen dieser chaotischen Sätze aus Seegras
das der pfeilschnelle Strandläufer zielgerichtet zerpflückt.
Sei die eine Stimme; die weißen Alpen, die Spitze
aus Blütenfetzen im Wind vorm Hotelfenster
oder die Blätter hinter dem Zugfenster, durch das
du einen Geist sahst, jetzt hat er dein Antlitz,
die Blüten des Poui in den Straßenlampen Zermatts.

O Altitudino! Und meine Höhenangst.
In Zermatt aber war es die klare, trockne Kälte,
die wahre Wonne für Skiläufer und Engel,
über rissigen Spalten, wo der alte Schnee fest war
und der Neuschnee fast blind machte. Kein Unterschied,
die eine himmlische, reale Geographie.

III

The light itself looks tired on the water tower,
and all delight exhausted in the craft,
and from a life-long siege of the theatre
dull detonations of bewildering failure,
limpness and lassitude, the mockery of power,
paralysis of the unfinished draft.
But strength will fill your wrist again, be sure,
and one last effort pull the world around
with the helm locked and adversity, reversed,
cross its own wake into the wider quiet
of an emerald inlet where the only sound
is of your mast swaying in the creaking wind.
Dusk growing rose, afternoon's sliding eclipse
on the Hudson's crinkled excelsior, the bluffs of Jersey,
the dusk growing more Dutch over ditch and water,
an epoch absorbs me into its enamelled sky,
the light on the flanks of a herd, on the vanes of a mill.

From grey Geneva and its lake of stones
from its invisible but certain opposite shore
for being swallowed up in fog, in distance
already spectres, banal metaphor,
walking along its flag-flapping streets
a figure in white fog dividing this page
which again enclosed you, which again repeats
your figure waiting on the landing stage
fingering the obols in your pockets,
remorseless revenant, the orange water burning
from the garlanded bridges as the sun sets –
the small ferry with its empty seats returning.
In shrouded, spectral Stockholm, across the bridge,
with the lights coming on in the Opera House,

III

Selbst das Licht auf dem Wasserturm wirkt verdrossen,
und jede Freude am Handwerk ist erschlafft,
vom lebenslangen Sturm auf das Theater
nur dumpfe Detonationen wirren Scheiterns,
Schwäche und Mattigkeit, ein Spottbild der Kraft,
die Lähmung des unfertigen Entwurfs.
Doch wird, sei nur getrost, dein Handgelenk erstarken,
mit letzter Kraft wird es, die Pinne fest umschlossen,
die Welt noch wenden, dann kreuzt das Unglück, umgekehrt,
durch seine eigene Spur hinein in jene stille Weite
einer Bucht aus Smaragd, da ist der einzige Laut
dein schwankender Mast im knarrenden Wind.
Der Abend färbt sich rosa, der Tag verfinstert sich
über den kräuselnden Spänen des Hudson und Jerseys Klippen,
der Abend färbt sich flämisch ein über Graben und Wasser,
ich versinke im lackierten Himmel einer Epoche,
im Licht auf den Flanken der Herde, den Flügeln der Mühle.

Aus dem grauen Genf und seinem steinigen See –
vom andern Ufer, verläßlich doch unsichtbar,
weil im Nebel verschluckt, in der Ferne
schon Gespenster, banale Metapher,
wandelt im Fahnengeflatter der Straßen
eine Gestalt im nebligen Weiß, das diese Seite teilt,
die dich wieder enthielt, sie wiederholt
deine Gestalt, die wartend am Steg steht
und mit dem Obolus in deiner Tasche spielt,
reuloser Wiedergänger, orange lodert das Wasser
von den bekränzten Brücken, da die Sonne versinkt –
kehrt die kleine Fähre mit leeren Sitzen zurück.
Im gespenstisch verhüllten Stockholm, auf der Brücke,
im Opernhaus gehen derweil die Lichter an,

and on the ferries, the brisk folk in black,
lights of branches beaded with orange berries
the smoke puffing out from their faces
making them incurable addicts; from Milan
to spires needling us on the far horizon
we are distant. They soar as we approach,
and their height diminishes us. All corners soon
become familiar again, the river, the river's glittering reach.
The secular naves of bridges, and because it is fall,
or spring, or even the icicled branches
in their silence which are like waiting crystal
the city we both loved gives back the same answers
to the living, but as to who is dead,
ah, that is the riddle, the mute anguish, the enigma!
The stores glide past and the bird-watching head
of some anonymous statue endures the stigma
of a different silence. I still cannot subtract
a single dishevelled digit from the mass, from the sight
of you, with a cigarette and your raincoat and tonsure
obeying, like them, the changing of the light
crossing with me, so calmly, to the other shore.

IV

You never think of January as a stormy month,
but the African wind blows rain across the cape,
the combers come in fast and their high surf
explodes irregularly along the Causeway.
It is the season of rainbows, of a thin drizzle
in the wet air; so many, their backs arch
like radiant dolphins, they leap over the hills
above the villages, profuse with benediction,
over the hissing sea and the small fine roads

und auf den Fähren ein flottes Völkchen in Schwarz,
Lichter an Ästen, verziert mit orangegelben Beeren,
aus ihren Gesichtern quillt Rauch,
sie wirken unheilbar süchtig; von Mailand
bis zu Türmen hinter dem Horizont, die uns sticheln,
sind wir fern. Nähern wir uns, ragen sie auf
und ihre Höhe verkleinert uns. Alle Ecken
sind bald wieder vertraut, der Fluß, sein glitzernder Lauf.
Die weltlichen Dome der Brücken, und weil's Herbst ist überall
oder Frühling, oder weil auch die Eiszapfenäste
schweigen wie wartendes Kristall –
die Stadt, die wir beide liebten, gibt den Lebenden
die gleichen Antworten, wer aber nun tot ist,
ja, da liegt das Rätsel, die stumme Qual, das Enigma!
Die Läden gleiten vorüber, der nach Vögeln spähende Kopf
eines namenlosen Standbilds erleidet das Stigma
eines anderen Schweigens. Noch jetzt kann ich keine zerzauste
Ziffer abziehen aus der Summe deines Angesichts
da du, mit Zigarette, Mantel und Tonsur,
wie jene gehorchend dem wechselnden Zeichen des Lichts,
mit mir, so ruhig, hinübergingst zum anderen Ufer.

IV

Der Januar ist gewöhnlich kein stürmischer Monat,
doch der afrikanische Wind peitscht den Regen über das Kap,
die Brecher rasen heran und die Detonationen
der Brandung hämmern gegen den Damm.
Das ist die Zeit der Regenbögen, des dünnen Geniesels
in nasser Luft; es sind viele, ihre Rücken wölben sich
wie leuchtende Delphine, sie überspringen die Hügel,
die Dörfer, mit ihrem üppigen Segen,
die zischende See und die schmalen Sträßchen

and the indigo ranges heavy with the darkening rain.
But now, even farther north, in Bimini
it would be clearer, finer, without a haze
over the lime-green shallows and the violet reefs
and the dark chasms full of wavering reeds,
and the abyss of my deep cowardice,
my fears and treacheries in an old age
foam-crested with conspiring murmurings
subliminal, submarine, when my ageing prayer
is, hooked to this craft, to break clear of the nets
to shudder like a great convulsive marlin
into heaven and fall crashing and leap again
scattering prisms and led by veering dolphins
vault for the last time breaking free of the line.

V

Be happy; you're writing from the privilege
of all your wits about you in your old age,
under the thorn acacias by the noon sea,
the light on all the places you have painted
and hope to paint with the strenuous accuracy
of joy, the village houses, the streets untainted
by any history, by any thought or shadow
on the blank canvas except from the sky;
be grateful that each craft stays hard to do.
In what will be your last book make each place
as if it had just been made, already old,
but new again from naming it: the gaping view
of the bay with its toy yachts at Marigot,
and the plunge into the rich banana valley
under the haze-blue ridges into Roseau,
or how, from tortuous curves after Choiseul,

und die indigoblauen Berge, behangen mit dunklem Regen.
Doch noch weiter nördlich, auf Bimini,
mag es jetzt klarer sein, heiterer, kein Dunst
über limonengrünen Untiefen, rotblauen Riffen
und den dunklen Schlünden mit schwankendem Seegras,
und dem Abgrund meiner tiefen Feigheit,
meiner Ängste und Betrügereien im Alter
schaumgekrönt von verschwörerischem Gemurmel
unterbewußt, unterseeisch, da ist dies mein altes Gebet:
ich möchte, obwohl am Haken dieses Boots, doch wie ein großer
gekrümmter Schwertfisch über die Netze himmelwärts springen
und klatschend wieder herabfallen und prismensprühend
wieder empor und, geführt von flinken Delphinen,
im Sprung noch einmal die Leine zerreißen und frei sein.

V

Sei glücklich; du schreibst mit dem Privileg
im Alter noch alle Sinne beisammen zu haben,
unter dornigen Akazien, an der mittäglichen See,
mit dem Licht auf all den Orten, die du malend entdeckt
hast und noch zu malen hoffst mit der emsigen Sorgfalt
der Freude, die Häuser des Dorfs, die Straßen noch unbefleckt
von Geschichte, von irgendwelchen Gedanken und Schatten
auf der weißen Leinwand außer denen des Himmels;
sei dankbar, daß jedes Handwerk schwierig bleibt.
Dies wird dein letztes Buch; behandle jeden Fleck
als wäre er gerade erschaffen, schon alt,
doch wieder neu durch die Benennung: den geweiteten Blick
auf die Bucht mit den Spielzeugyachten bei Marigot,
und den Absturz hinein in die reichen Bananenplantagen
unter den dunstblauen Kämmen, ins Tal des Roseau,
oder wie nach gewundenen Kurven bei Choiseul

the corners levelled into spacious country
wide with the wind that makes the combers swell
and wreathes the beach with kale around Vieuxfort.
My eyes are washed clean in the sea-wind, I feel
brightness and sweet alarm, the widening pupils
of the freshly familiar, things that have not moved
since childhood, nouns that have stayed
to keep me company in my old age.
What if our history is so rapidly enclosed
in bush, devoured by green, that there are no signals
left, since smoke, the smoke of encampments
by brigand and the plumes from muskets
are transitory memorials and our forests shut
their mouths, sworn to ancestral silence.
Its fugitives were nomadic, their callused soles
raked out their cooking fires, and what a great gulf
of loyalty of inheritance comes from that fact –
that these are your ancestors, not the cloaked pilgrims
of the one time in aureate Venice or the blest stones
of your Via Veneto, nor in sanctified ruins,
nor the grace of filigreed twilight on the Duomo,
nor the pompous claim staked out for the Pyramids!
Your only legendary deserts are those dunes
from which there dribbles a funnel of sand
as into an hour-glass that scares a crab,
but you felt in your calling that from your hand
the seeded word would overrun these ruins and
sprout with the fecundity of bougainvillea.

die Ecken ausliefen in geräumiges Land,
geweitet vom Wind, der die Brecher schwellt
und den Strand bei Vieuxfort mit Krauskohl schmückt.
Der Seewind wäscht mir die Augen rein, ich spüre
Klarheit, süße Erregung, die weiten Pupillen
des frisch Vertrauten, Dinge, die seit der Kindheit
regungslos, Nomina, die am Ort
geblieben sind, um mir im Alter Gesellschaft zu leisten.
Was macht's, wenn unsere Geschichte so rasch vom Buschwerk
erfaßt wird, vom Grün verschlungen, daß keine Zeichen
bleiben, denn Rauch, der Rauch der Räuberlager
und der Qualm aus dem Lauf der Musketen, ist nur ein flüchtiges
Denkmal, und unsere Wälder verschlossen die Münder,
fest dem Schweigen der Ahnen verschworen.
Ihre Flüchtlinge waren Nomaden, ihre schwieligen Sohlen
löschten die Feuerstellen, und welch große Kluft
in der Loyalität zum Ererbten rührt daher –
daß dies deine Ahnen sind, nicht die verhüllten Pilger
von damals, im goldenen Venedig, oder die heiligen Steine
deiner Via Veneto oder geweihter Ruinen,
weder die Anmut des filigranen Zwielichts im Duomo,
noch die pompöse These über die Pyramiden!
Deine legendären Wüsten sind nur jene Dünen
aus denen ein Trichter hinabrinnt, aus Sand,
wie in ein Stundenglas, der eine Krabbe erschreckt,
du aber spürtest in deiner Berufung: aus deiner Hand
wuchert der Samen des Worts über alle Ruinen und
sprießt mit der Fruchtbarkeit der Bougainvillea.

18

I

Grass, bleached to straw on the precipice of Les Cayes,
running in the blue and green wind of the Trade,
a small church hidden in a grove past Soufrière
hot dasheen and purpling pomme arac,
and heavy cattle in a pasture, and the repetition
of patois prayers by the shallows of Troumassee,
and there are still her eyes waiting for the small lights
that bring them to life, in which are reflected
the gold glints of labels in the Folies-Bergère bar
and the rust and orange of an April Glory cedar,
the leaves falling like curses from the *gommier maudit*,
a gull plucking fish from the shallows,
in the distance, the hump of a hazed mountain,
the ochreing meadows and the continuous cresting
of combers coming in, leaves spinning in the breeze
and the spray steadily spuming, the jets of bougainvillea,
all these must mould her cheekbones and a mouth
that says, »I come from Mon Repos,« from Saltibus,
from the curve of the road entering Canaries
and from the white nights of an insomniac Atlantic
that toss on the reefs of Praslin, that made me.
O blessed pivot that makes me a palm!
A silent exclamation at the cliff's edge
around whom the horizon silently spins!
What thuds against the hull, butting with such force?
Angels are gliding underneath the keel.

18

I

Gras, zu Stroh gebleicht auf den Klippen von Les Cayes,
es flattert im blauen und grünen Wind des Passat,
ein Kirchlein, versteckt im Wald hinter Soufrière,
heiße Taroknolle und purpurner Pomme Arac,
und schweres Vieh auf der Weide, das Echo der Gebete
im Patois bei den Untiefen von Troumassee,
und da warten ihre Augen noch immer auf die kleinen Lichter
die sie zum Leben erwecken, in denen sich spiegeln
der Goldglanz der Schildchen in den Folies-Bergère,
das Orange und Rostrot einer April Glory Zeder,
die wie Flüche vom *gommier maudit* herabfallenden Blätter,
eine Möwe, die sich Fische pflückt aus dem Flachen,
in der Ferne der Buckel eines dunstigen Berges,
die ockerfarbenen Wiesen und das beständige Bauschen
der berstenden Brecher, die in der Brise wirbelnden Blätter
und der gleichmäßig zischende Gischt, die Strahlen der Bougainvillea –
all das muß ihr Wangenbein formen und einen Mund,
der sagt: »Ich komme aus Mon Repos«, aus Saltibus,
von der Straßenkurve der Einfahrt nach Canaries
und den durchwachten Nächten des ruhelosen Atlantik,
die sich wälzen auf dem Riff von Praslin, die mich zeugten.
O heilige Achse, die mich zur Palme macht!
Ein stiller Ausruf an der Kante des Kliffs,
um den der Horizont sich schweigend dreht!
Was schlägt da mit so viel Wucht gegen den Rumpf?
Engel gleiten unter dem Kiel dahin.

II

Time, that gnaws at bronze lions and dolphins
that shrivels fountains, had exhausted him;
a cupola in Milan exhaled him like incense,
Abruzzi devoured him, Firenze spat him out,
Rome chewed his arm and flung it over her shoulder
for the rats in the catacombs; Rome took his empty eyes
from the sockets of the Colosseum. Italy ate him.
Its bats at vespers navigated her columns
with an ancient elation, a hand in San Marco's font
aspersed him with foul canal water, then bells
tossed their heads like bulls, and their joy
rattled the campaniles, as innumerable pigeons
settled on the square of his forehead, his kidneys
were served in a modest hotel in Pescara,
a fish mimicked his skeleton in salty Amalfi,
until after a while there was nothing left of him
except this: a name cut on a wall that soon
from the grime of indifference became indecipherable.

III

We were headed steadily into the open sea.
Immeasurable and unplummetable fathoms
too deep for sounding or for any anchor,
the waves quick-running, crests, we were between
the pale blue phantoms of Martinique and Saint Vincent
on the iron rim of the ringing horizon;
the farther we went out, the white bow drumming,
plunging and shearing spray, the wider my fear,
the whiter my spume-shot cowardice, as the peaks

II

Die Zeit, die an bronzenen Löwen und Delphinen nagt
und Fontänen verschrumpft, hatte ihn ausgelaugt;
eine Mailänder Kuppel hauchte ihn aus wie Weihrauch,
die Abruzzen verschlangen ihn, Firenze spie ihn aus,
Rom zerbiß seinen Arm und warf ihn über die Schulter
für die Ratten der Katakomben; Rom nahm seine leeren Augen
aus den Höhlen des Kolosseums. Italien fraß ihn auf.
Zur Vesper umkurvten die Fledermäuse die Säulen
mit uraltem Überschwang, eine Hand in San Marcos Taufstein
besprengte ihn mit faulem Kanalwasser, dann warfen
die Glocken ihre Köpfe wie Stiere empor, und ihr Jubel
erschütterte die Campaniles, als unzählige Tauben
sich auf den Platz seiner Stirne hockten, seine Nieren
servierte man in einem schlichten Hotel in Pescara,
ein Fisch mimte im salzigen Amalfi sein Skelett
bis nach einer Weile nichts von ihm übrig war
als dies: ein Name, in eine Mauer gekerbt, die bald
unleserlich wurde im Ruß der Gleichgültigkeit.

III

Wir steuerten stetig hinaus auf die offene See.
Unermeßlich und unauslotbar der Abgrund
zu tief für das Senkblei und für jeden Anker,
rasch rennende Wellen, Kämme, wir fuhren zwischen
den blaßblauen Schemen von Martinique und Saint Vincent
am eisernen Rand des Horizonts ringsum;
je weiter wir fuhren, und der weiße Bug hämmerte,
stampfte, mähte den Gischt, desto weiter wurde die Angst
und weißer meine schaumige Feigheit, da die Gipfel,

receded, rooted on their separating world,
diminishing in the idea of home, but still the prow
pressed stubbornly through the gulfs and the helmsman
kept nodding in their direction through the glass
between the front deck and the wheel, their direction
meaning what we could not see but he knew was there
from talking on the radio to the other boat
that lay ahead of us towards which we plunged
and droned, a white slip of another smaller cruiser,
convinced by his smiling that we would breach them soon.
»Dolphins,« the steersman said. »You will see them playing,«
but this was widening into mania, there were only
the crests that looked to their leaping, no fins,
no arching backs, no sudden frieze, no school today,
but the young captain kept on smiling, I had never
seen such belief in legend, and then, a fin-hint!
not a crest, and then splaying open under the keel
and racing with the bow, the legend broke water
and was reborn, her screams of joy
and my heart drumming harder, and the pale blue islands
were no longer phantom outlines, and the elate spray
slapped our faces with joy, and everything came
back as it was between the other islets, but
those with our own names, sometimes a fin
shot up, sometimes a back arched and re-entered
the racily running waves under which they glanced;
I saw their wet brown bodies gunning seaward,
more brown than golden despite the name »dorado,«
but I guess in the wet light their skins shone
too raw, too quiet to be miraculous,
too strange to quiet my fear, the skittering fish
from the first line of the open page, held
and held until the school was lost, the prodigal's home
was the horizon while my own peaks

in ihrer abgesonderten Welt verwurzelt, entschwanden,
zur bloßen Idee von Heimat verkleinert, und beharrlich wühlte
der Bug durch die Wirbel und der Mann am Steuer
nickte in ihre Richtung durch das Glas
zwischen Vordeck und Steuer, ihre Richtung hieß das,
was wir nicht sahen, was aber, wie er vom Funkverkehr
mit dem anderen Boot wohl wußte, da war,
was vor uns lag, worauf wir brummend zustampften,
der weiße Fleck eines anderen, kleineren Boots,
lächelnd überzeugt, daß wir sie bald aufstören würden.
»Delphine«, sagte der Steuermann. »Ihr seht sie gleich spielen«,
doch dies weitete sich zur Manie, hier gab es nur Kämme,
die widmeten sich ihren Sprüngen, es gab keine Flossen,
keine gewölbten Rücken, keinen plötzlichen Fries, keine Schule heute,
doch der junge Kapitän lächelte weiter, nie hatte ich
solchen Glauben an Legenden erlebt, dann: ein Flossenglanz!
kein Kamm, und dann platzte die Blase, die Legende
spreizte sich auf unterm Kiel und stürmte am Bug dahin
und war wiedergeboren, ihre Jubelschreie
und mein Herz hämmerten härter, und die blaßblauen Inseln
waren nicht mehr nur Schemen, und der überschwengliche Gischt
ohrfeigte unsere Wangen mit Jubel, und alles
kehrte zurück wie es war zwischen den anderen Inselchen,
freilich denen mit unseren Namen, Flossen schossen empor,
Rücken wölbten sich auf und tauchten dann ein
in die rassig rennenden Wellen, unter denen sie glänzten;
ich sah ihre naßbraunen Leiber seewärts preschen,
eher braun als golden, trotz des Namens »dorado«,
doch im nassen Licht schimmerte ihre Haut wohl
zu stumpf, zu still, um wirklich als Wunder zu gelten,
zu seltsam, um meine Angst zu stillen, den zuckenden Fisch
von der ersten Zeile der offenen Seite, sie hielten Kurs
bis die Schule verschwand, der Horizont war die Heimat
des verlorenen Sohnes, und meine eigenen Gipfel

loomed so inconsolably again, the roads, the roofs
of Soufrière in the wet sunlight. I watched them come.

IV

I had gaped in anticipation of an emblem
carved at a fountain's pediment from another sea
and when the dolphins showed up and I saw them
they arched the way thoughts rise from memory.
They shot out of the glacial swell like skiers
hurtling themselves out of that Alpine surf
with its own crests and plungings, spuming slopes
from which the dolphins seraphically soared
to the harps of ringing wires and humming ropes
to which my heart clung and those finished hopes
that I would see you again, my twin, »my dolphin.«
And yet elation drove the dolphins' course
as if both from and to you, their joy was ours.

And had there been a prophecy that said: »Wait!
On a day of great delight you will see dolphins.«
Or, in the ashes and embers of a wrecked sunset
the same voice, falling as quietly as a flag, said,
before the constellations arranged their chaos,
»Those drifting cinders are angels, see how they soar,«
I would not have believed in them, being too old
and sceptical from the fury of one life's
determined benedictions, but they are here.
Angels and dolphins. The second, first.
And always certainly, steadily, on the bright rim
of the world, getting no nearer or nearer, the more
the bow's wedge shuddered towards it, prodigal,
that line of light that shines from the other shore.

lagen wieder so trostlos da, die Straßen, die Dächer
von Soufriére, in der nassen Sonne. Ich sah wie sie kamen.

IV

Nach einem Sinnbild hatte ich gestarrt
in den Brunnensockel einer anderen See getrieben,
dann kamen die Delphine und ich sah
sie sprangen wie Gedanken aus Erinnerungstiefen.
Aus Gletscherwogen schossen sie hervor
wie Skiläufer aus der alpinen Brandung
mit ihren Kämmen, Tälern, Gischtabhängen,
wie Seraphim, so schwebten sie empor
zur summenden, surrenden Harfe der Wanten und Leinen,
daran hing mein Herz und an der vergeblichen Hoffnung
dich wiederzusehen, mein Zwilling und »mein Delphin«.
Und doch: ihr Überschwang schien die Delphine zu dir zurück
und fort von dir zu treiben, ihr Glück war unser Glück.

Und hätte ein Prophet zu mir gesagt: »Warte!
Am Tag der großen Freude wirst du Delphine sehen.«
Oder hätte die gleiche Stimme, still wie eine schlaffe Fahne,
in die Aschenglut eines Abendsonnenwracks gesprochen,
bevor die Sternbilder Ordnung in ihr Chaos brachten:
»Die Schlackebrocken da sind Engel, sieh wie sie schweben«,
ich hätte, allzu alt und skeptisch vom Wüten
beherzter Segnungen des einen Lebens,
nicht an sie geglaubt, und doch sind sie hier.
Engel und Delphine. Die letzten zuerst.
Und stets verläßlich auf dem hellen Rand
der Welt ringsum, der niemals näherkriecht,
obwohl, verlorener Sohn, der Bugkeil auf ihn wies,
am andern Ufer jener Streifen Licht.

Nachwort

»We read, we travel, we become«: Derek Walcotts *The Prodigal* ist der poetische Lebensrückblick eines belesenen, weitgereisten, weltberühmten Dichters, der sich auch noch im Alter fragwürdig und rätselhaft geblieben ist. Wie seine ebenfalls autobiographisch gefärbten Bände *Another Life* (1973), *Midsummer* (1984, dt. 2001) und *The Bounty* (1997) handelt *The Prodigal* allerdings nicht nur von den Wechselfällen des eigenen Lebens. Auch hier bemüht sich Walcott um eine dichterische Auseinandersetzung mit übergeordneten Themen, die ihn schon früh und noch in seinem Meisterwerk *Omeros* (1990, dt. 1995) beschäftigt haben: das spannungsreiche Verhältnis von Natur und Kultur, Herkunft und Heimat, Alter und Neuer Welt, Lokal- und Weltgeschichte, Wahrheit und Dichtung, Kunst und Literatur, Ruhm und Selbstzweifel, Skepsis und Hoffnung. »Wir lesen, wir reisen, wir sind im Werden« – das schreibt einer, den die Sehnsucht nach Heimat, nach einem sicheren Standort, nach der Integrität des eigenen Ichs nicht blind gemacht hat für das entfremdete, widersprüchliche Daseinsgefühl des modernen Menschen.

Für Walcott gilt diese Erfahrung in besonderer Weise. Er wurde mit seinem Zwillingsbruder Roderick am 23. Januar 1930 in Castries auf St. Lucia geboren. Diese kleine, tropische Antilleninsel, die nach einer wechselvollen Kolonialgeschichte erst 1979 unabhängig wurde, ist Mitglied des Commonwealth. Die Amtssprache ist Englisch, aber die Mehrheit der Inselbewohner spricht eine französische Kreolsprache (Patois), und etwa neunzig Prozent der mehrheitlich römisch-katholischen Bevölkerung sind Nachfahren afrikanischer Sklaven. Die Familie Derek Walcotts, der auffallend graublaue Augen und hellbraune Haut hat, gehörte dagegen zur Minderheit der englischsprachigen »Mischlinge«, zur kleinen gebildeten Mittelschicht und zur noch winzigeren Methodistenkirche auf St. Lucia. Diese ethnische, kulturelle und konfessionelle Sonderstellung wirkte sich bei Walcott in doppelter Hinsicht aus. Einerseits führte sie ihn, wie auch *The Prodigal* andeutet, in die soziale Isolation, in die Entfremdung von der geliebten Heimat, ins zwar selbstgewählte, aber auch als »Verrat« empfundene Exil: »Die alte Welt/war mir bekannter. Scham über Vererbung.« Andererseits machte ihn das in seiner Herkunft sozusagen genetisch dokumentierte doppelte Erbe besonders sensibel für die Tatsache, daß große Kunst selten in Reinkultur entsteht und daß die Idee der persönlichen »Identität« (das Wort kommt im *Prodigal* nicht vor) eine Fiktion ist und höchstens einen letztlich undurchschaubaren, nie abgeschlossenen Prozeß bezeichnet: »wir sind im Werden.«

Diese Erkenntnis und die von Kolonialisierung und Sklaverei gezeichnete, extrem polyglotte und multi-ethnische Kultur der Karibik, deren europäische und afrikanische Elemente im letzten Jahrhundert durch die massenhafte Migration aus Ostasien zusätzlich angereichert wurden, haben Walcotts Werk von Anfang an entscheidend befruchtet. In seinen Dramen, Gedichten und Essays hat er die historischen Konflikte und die heutige Gemengelage dieses inselübersäten Raums zwischen Europa und beiden Amerikas immer wieder behandelt. Hier bildet die Karibik, die für uns an der Peripherie liegt, das Zentrum oder besser den Ausgangs- und Fluchtpunkt einer grenzüberschreitenden, eminent modernen Heimatdichtung, aus deren Perspektive unsere Alte Welt ungewohnt neu aussieht.

Walcotts Leitidee einer in afrikanischen und europäischen Traditionen gleichermaßen wurzelnden westindischen Kultur entspricht seiner biographischen Herkunft. Die Großväter, deren Ahnen aus Holland und England stammten, waren Verbindungen mit farbigen Frauen eingegangen, deren Vorfahren aus Westafrika in die karibischen Kolonien Frankreichs und Großbritanniens verschleppt worden waren. Sein Vater Warwick, der »in Liebe oder als bitterer Segen«, wie es in *Omeros* heißt, auf den Namen von Shakespeares Grafschaft getauft worden war, arbeitete als Angestellter in der Kolonialverwaltung. In seiner Freizeit zeichnete er, malte Aquarelle und schrieb Verse. Er starb, vierunddreißigjährig, als die Zwillinge gerade ein Jahr alt waren; als unbekanntes

Vorbild ist er in vielen Gedichten seines Sohnes präsent. Walcotts Mutter Alix mußte ihre Kinder allein großziehen. Als Lehrerin, Amateurschauspielerin und aktives Mitglied ihrer Kirche sorgte sie für ein Umfeld, in dem sie ihre Talente entwickeln konnten. Die klangvolle Sprache der *King James Bible* und der »leidenschaftliche, pragmatische Methodismus« der »Wanderprediger, Reformer, Sklavereigegner«, wie Walcott in *Another Life* schreibt, prägten seine Jugend ebenso wie die Lektüre literarischer Klassiker und kunsthistorischer Handbücher. Mit achtzehn Jahren ließ er, mit finanzieller Hilfe seiner Mutter, seinen ersten Gedichtband drucken; wenig später führte die von ihm mitbegründete St. Lucia Arts Guild seine ersten Theaterstücke auf.

Schon als junger Lyriker hatte Walcott seiner Heimat »lebenslange Treue« geschworen. Aber der kulturelle Nährboden der kleinen, frankophonen Insel war für ihn zu dürftig, und er mußte sie verlassen: »die Ironie meines Handwerks«, schreibt er im *Prodigal*, »lag im Verrat«. Dank eines Stipendiums der britischen Kolonialverwaltung studierte er zunächst Englisch, Französisch und Latein an der University of the West Indies auf Jamaica. Später arbeitete er, inzwischen verheiratet, einige Jahre als Lehrer. Seine Ehe scheiterte, und er ging 1959 nach Port-of-Spain, wo er als Kritiker für den *Trinidad Guardian* schrieb und den Little Carib Theatre Workshop gründete, den er fast zwei Jahrzehnte leitete. In dieser Zeit publizierte er zahlreiche Gedichtbände und Dramen und machte sich auch international einen Namen. Mehrere Stipendien und Preise ermöglichten ihm Auslandsreisen nach Europa und in die USA. Längere Aufenthalte in New York brachten ihn in Kontakt mit Robert Lowell und anderen amerikanische Dichtern, und er engagierte sich in der Theater- und Musicalszene der Metropole. Gleichzeitig wuchs die Entfremdung von der karibischen Heimat; seine zweite Ehe ging in die Brüche. Nach dem Gedichtband *The Star-Apple Kingdom* (1979, dt. 1989) wurde Walcott in die American Academy aufgenommen, seit 1981 unterrichtete er regelmäßig als Gastprofessor »creative writing« an angesehenen Universitäten in Boston und New York. Er gewann die Freundschaft des Russen Joseph Brodsky und des Iren Seamus Heaney. Mit beiden Dichtern, die später den Nobelpreis erhielten, verbindet ihn nicht nur die Erfahrung des Exils, sondern auch die selbstgewählte Aufgabe, in der englischen Weltsprache und einer zunehmend globalisierten Weltkultur der eigenen Heimat und Herkunft eine unverwechselbare Stimme zu geben. Für seine *Collected Poems 1948–1984* (1986) und für *Omeros*, seine abweichende Antwort auf Homer und die Gattung des klassischen, imperialen Nationalepos, erhielt Walcott 1992 den Nobelpreis für Literatur. In seiner Dankrede, die in seinem Essayband *What the Twilight Says* (1998) abgedruckt ist, umschreibt er sein Verständnis von Dichtung:

»Die Lyrik, die der Schweiß der Vollendung ist, aber doch so frisch wirken muß wie die Regentropfen auf der Stirn einer Statue, verbindet das Natürliche mit dem Marmornen; sie konjugiert beide Zeiten zugleich: die Vergangenheit und die Gegenwart; die Vergangenheit ist die Skulptur und die Gegenwart die Tau- oder Regentropfen auf der Stirn der Vergangenheit. Es gibt die begrabene Sprache und es gibt das individuelle Vokabular, und der Prozeß der Lyrik besteht aus Ausgrabung und Selbst-Entdeckung. [...] Die Lyrik ist eine Insel, die sich vom Festland ablöst. Die Dialekte meines Archipels wirken auf mich so frisch wie jene Regentropfen auf der Stirn der Statue, nicht der Schweiß aus der klassischen Anstrengung des stirnrunzelnden Marmors, sondern die Kondensate eines erfrischenden Elements, Regen und Salz.«

Damit ist die Eigenart dieses welterfahrenen karibischen Heimatdichters recht genau charakterisiert. Walcotts ausdrucksvollste Texte, formvollendet auch in der souveränen Abweichung von tradierten Mustern, erkunden die Kultur und Geschichte der westlichen Welt vor dem Hintergrund der Natur nicht nur seiner exotischen Heimat. Seine mal streng gefügten, mal elastischen, locker gefüllten Verse sind in der Wolle der englischsprachigen Dichtung gefärbt. In zahlreichen Echos, Anspielungen und abgewandelten Zitaten antworten sie auf Shakespeare und die *Metaphysical Poets* des 17. Jahrhunderts, auf die romantische und viktorianische Lyrik, auf Whitman, Yeats, Pound, Eliot, Auden und Dylan Thomas. Zugleich bereichern sie dieses große Erbe durch ein vielstimmiges »Vokabular«, in dem neben Anklängen an Homer, Vergil, Dante, Rilke oder Montale auch modernes Großstadtpalaver, kreolische Mundarten und die musikalischen Rhythmen der Antillen hörbar werden. Im Gegensatz zu den meisten zeitgenössischen Lyrikern scheut sich Walcott zudem nicht vor rhetorischer Wucht und einer expressiven, bis zum Äußersten verdichteten Metaphorik. All das macht die Lektüre oft nicht leicht, immer aber lohnend. Selbst hermetisch wirkende Passagen lassen sich, vor allem beim lauten Lesen, als erfrischende, befreiende Sprachereignisse genießen.

Das gilt auch für die drei späten Gedichtbände. Sie erschienen lange nach der durch den Nobelpreis ermöglichten Rückkehr auf seine Heimatinsel, an deren Nordspitze sich Walcott ein Haus bauen konnte, das er mit seiner Lebensgefährtin bewohnt, einer aus Deutschland gebürtigen, flämisch-amerikanischen Kunsthändlerin. Seine ersehnte Heimkehr führte freilich nicht dazu, daß er nun erbauliche Idyllen schreibt. Er weiß, daß wir nicht sehr verläßlich zu Haus sind in der gedeuteten Welt, mehr noch: er kann diese Welt nicht mehr als Einheit deuten. Auch in Walcotts Spätwerk spricht ein unsteter Wanderer zwischen den Hemisphären, auf der beharrlichen Suche nach Korrespondenzen zwischen Alter und Neuer Welt, Gegenwart und Vergangenheit.

Zwar feiert das Titelgedicht in *The Bounty* mit fast überschwenglicher Zärtlichkeit das »freigebige Eden« St. Lucias, doch der ewige Zyklus seiner überreichen Natur kontrastiert um so schärfer mit der Endlichkeit des Menschen und den Verwüstungen der Geschichte. Die Sammlung enthält neben einer bewegenden Elegie auf Walcotts Mutter auch zahlreiche Gedichte über Trinidad, Spanien und sechs »Italienische Eklogen«, die dem toten Freund Joseph Brodsky gewidmet sind. *Tiepolo's Hound* (2000) markiert eine neue Entwicklung. Auch hier fahndet das lyrische Ich nach den flüchtigen Momenten sinnstiftender Erkenntnis und Inspiration. Aber das Grübeln über die Trugbilder der Erinnerung und die Täuschungsmanöver der Dichtung ist hier eingebettet in eine alternative, fragmentarisch skizzierte Künstlerbiographie. Walcotts kunstvoll gebrochene, verschränkt gereimte Quartette erzählen den Lebensweg des 1830 auf St. Thomas geborenen Juden Jacob Pizarro, der seine westindische Heimat verläßt, um als Camille

Pissarro in Frankreich seiner Berufung zu folgen. Für die Pariser Akademie sind er und seine jüngeren Künstlerfreunde »Verfemte«, »Nigger/aus barbarischen Kolonien«. Trotz fortgesetzter Mißachtung, bohrender Selbstzweifel und schwerer Schicksalsschläge bleibt der seiner Herkunft entfremdete, alternde Maler jedoch bis zuletzt seinem Handwerk treu. In den Text eingebunden sind 26 ganzseitige Abbildungen von Walcotts eigenen Aquarellen und Ölbildern, als wortlose, leuchtkräftige Illustrationen einer impressionistischen, karibischen Ästhetik, die für den Maler ebenso gilt wie für den Dichter:

> … nur die Farbe zählt, keine Schuld, keine Vergebung,
>
> keine Geschichte, nur das Gespür für erzählende Zeit;
> die wird in der Andacht des Jüngers zu nichts,
>
> im starken Instinkt, in des Pinselstrichs sicherem Reim;
> nur ein Reich kennen Seite und Leinwand: das Licht.

Auch in *The Prodigal* stehen die Zwillingsschwestern von Malerei und Dichtung in inniger Verbindung. Und wieder versucht Walcott, das lyrische Ich der romantischen Lyrik und das Subjekt des autobiographischen Rückblicks zu objektivieren, um es schärfer, auch mitleidloser in den Blick zu nehmen. Er spricht von seinem Bemühen, »zur dritten Person zu finden, denn wer immer ›er‹ ist,/er kann leiden, sich selbst verkrampfen, kann sterben;/ich kann ihn ansehen und zügellos lächeln.« Anders als in *Tiepolo's Hound* dient nun aber nicht mehr eine Künstlerfigur als alter ego des Dichters, sondern die im Titel genannte Gestalt des verlorenen Sohns aus dem Gleichnis des Lukas-Evangeliums, der in der Fremde das väterliche Erbe umbrachte »mit Prassen« (Lukas 15:13). Der Archetyp des reumütigen Heimkehrers wird bei Walcott zur Deutungshilfe für das eigene Leben in der Fremde und, nach der Rückkehr, in der fremd gewordenen Heimat. Aber auch dieses mythische Muster wird gebrochen, denn für den verlorenen Sohn aus der armen, westindischen Provinz, die der Massentourismus zunehmend verändert, erweist sich ja das selbstgewählte »Exil« zugleich als bereichernde »Pilgerreise« zu den Kulturmetropolen und Kunststätten der Welt. Dieser unauflösbare Widerspruch zwischen Heimatverlust und Selbstfindung, zwischen Sehnsucht nach Anerkennung und Furcht vor Anbiederung, zentrale Motive seit Walcotts früher Lyrik, prägt die spannungsreiche Struktur seines »letzten Buchs« bis ins Detail.

Die oft bruchlos montierten Erinnerungs- und Assoziationsfetzen, die jäh zwischen Vergangenheit und Gegenwart, zwischen der erzählenden ersten und der erzählten dritten Person wechseln, evozieren eine rastlose Lebensreise durch reale und imaginäre Städte und Landschaften. Im ersten Teil des Gedichts führt sie an die nordamerikanische Ostküste und ins Greenwich Village, das New Yorker Künstlerviertel am Hudson, dann über den »gefrorenen Ozean« der verschneiten Alpen nach Italien mit seinen Kathedralen, Museen und Badeorten, später in die reiche Schweiz, nach Deutschland und wieder zurück. Im zweiten Abschnitt schildert Walcott das vom Bürgerkrieg zerrissene Kolumbien und seine »mythische«, von Spaniens imperialer Vergangenheit gezeichnete Karibikküste; im mexikanischen Guadalajara erfährt er vom Tod seines Zwillingsbruders im fernen Toronto und erinnert sich an einen Sommer im »Idyll Andalusiens«. Der letzte und längste Teil des Gedichts blickt von seiner kleinen Inselheimat, die nun zum »Drehpunkt des verlorenen Sohns« geworden ist, auf seine rastlose »Wanderschaft« in der Fremde zurück.

In seinem »bedeutungslos schönen« Eiland entdeckt der heimgekehrte Dichter erneut die Mitte seiner Existenz und seine Lebensaufgabe: »Dieser verdreckte Hinterhof, dies unerfüllte Land,/dies kleine Feld aus Blättern, welk und mürbe,/dies ist, von all den Städten dieser Welt, dein Zentrum./Ach, hell zu leuchten und genau zu sein!« Die Poetik des »leuchtkräftigen Details«, von der schon Ezra Pound sprach, prägt Walcotts Blick auf die berühmten Sehenswürdigkeiten der Alten Welt und die – von dort aus gesehen – marginalen Ecken seiner westindischen Heimat gleichermaßen. In seinen verbalen Architekturskizzen, Landschaftsbildern, Seestücken und Stilleben wird auch das scharfe Auge des versierten Zeichners und Malers erkennbar. Doch die anschaulichen Fragmente von Walcotts dichterischer Erinnerung wirken nie bloß beschaulich. Über dem fast verzückten Lob der karibischen Naturschönheiten vergißt er Verfall und Verwahrlosung nicht, und er übersieht weder die Wunden der kolonialen Vergangenheit, noch das armselige Chaos der Gegenwart. Umgekehrt sind Walcotts Annäherungen an amerikanische und europäische Städte, Landschaften und Sehenswürdigkeiten alles andere als naive Schilderungen eines andächtigen Bildungstouristen aus Übersee. Die kalte Pracht des Mailänder Doms mit den »zauberformelgeweihten/Verwirrungen« seiner Altäre erscheint ihm als »Architektur/wie gefrorene Wut, die ergebene Ehrfurcht erzwingt.« Auch in der ländlichen Idylle der deutschen Provinz kann er »die zerbrochenen Kruzifixe der Hakenkreuze« nicht vergessen: »grüne Hügel und rote Dächer,/hinter brandigen Kiefern das Dorf ihrer Jugend,/Schokolade und Zöpfe, und doch ist da Schuld/in all diesem Grün.« Er weiß: die »Barbarei« in der modernen Geschichte Europas wird nie »beschwichtigt« von der exklusiven, imperialen Bau- und Gartenkunst Londons, »vom schweigenden Kreischen/steinerner Wasserspeier und der stummen Panik von Blumen./Parks, benannt nach Königen. Tore für Neider geschlossen.«

Walcotts intime Kenntnis der europäischen Kultur und Geschichte, sein Gespür für die Kehrseiten triumphaler Repräsentationskunst, ist erkennbar geprägt von einer entschieden postkolonialen Perspektive. Diese Sichtweise wird bei ihm noch kompliziert durch das doppelte Erbe seiner Herkunft und die reichen Erfahrungen, die ihm seine Heimatlosigkeit, seine »Pilgerreise« ermöglicht hat. Walcott will sich der Zivilisation Europas nicht einfach ergeben, kann aber ihren Einfluß nicht leugnen. Auch dieses Dilemma löst sein poetischer Lebensrückblick nicht auf, und darin liegt seine Überzeugungskraft. Trotz seines Welterfolgs arbeitet sich der alte Dichter immer noch an dem nagenden, kränkenden Gefühl ab, aus den ehemaligen Kolonien, den rückständigen »Provinzen« des kulturell übermächtigen, wenngleich »licht-entleerten Europa« zu stammen. Er kann dem »grauen Licht Londons«, dem im Sonnenlicht »zitternden« Venedig nur das »unverseuchte Licht« seiner Heimat entgegenstellen. Das Projekt, dem er sich mit seinem Zwillingsbruder früh verschrieb, bleibt also unvollendet: »Das Salzlicht der Insel bewahren,/ihr kleines Volk schützen und preisen«. Zugleich will dieser verlorene Sohn seine späte Heimkehr nicht als Entscheidung für die Karibik und gegen Europa gedeutet wissen: »Verschweißt sind beide Welten, ihre Naht ist die Freude.« Es geht für ihn nicht um »Vergleich oder Mimikry«. Und dennoch bleibt das Problem des doppelten Erbes, und er stellt die verzweifelte Frage: »muß man denn wählen?«

In der erregten Betrachtung dieses unauflösbaren Wechselverhältnisses ringt sich das lyrische Ich immer wieder zu einer vorläufigen Standortbestimmung durch. Der Anblick einer karibischen Hügelkette im Abendlicht, eines mit Delphinen verzierten, italienischen Brunnens oder eines vieldeutigen Gemäldes schließt, oft in metaphorisch verdichteter Form, die innere Bewegung des Sprechers ausdrücklich ein. So verbindet sich in der Betrachtung die direkte Anschauung mit reflektierter Meditation. Walcotts Alterswerk enthält nicht nur zahlreiche Beispiele moderner, bruchstückhafter Bildbeschreibung. Es versucht immer wieder, dem Anspruch und den Aporien realistischer Malerei im Medium der Dichtung gerecht zu werden. Dabei tritt auch die Sprachnot dieses Wanderers zwischen den Welten der Künste und Kulturen offen zutage. »Sieht man jedes Nomen – Mole, Landzunge, Dunst –/durch einen Schleier des Englischen«, fragt er sich, »in dem das Licht die Fäden bestimmt/und nicht seine natürliche Sprache? Waren dein Leben und Werk/nur eine gute Übersetzung?« Hat er »das Leben/durch einen unheilbar grauen Star betrachtet?« Oder, so fragt er weiter, »hat dich die Sprache so entschieden/halbiert wie der Meridian/in Greenwich«, der die Welt in zwei Hälften trennt? Walcott hält diese Selbstzweifel aus, weil er das Gesetz des Widerspruchs auch in der paradiesischen Natur seiner Insel entdeckt, einer Natur, hinter der die mythischen, morgenländischen Ursprünge der abendländischen Kultur aufscheinen. Die bitteren, giftigen Beeren der Manchineelbäume sind »tückische Äpfel/wie der am Baum der Erkenntnis im Garten Eden«, wo Adam, der erste Dichter, alles in Gang brachte,

das erste Nomen pflückte, benannte und aß
und der Schatten der Erkenntnis jeden Umriß bestimmte,
die Sprache erschuf und dann den Unterschied
und die List, die Schlange, den Widerspruch
und das ungestüme Babel des Manchineel.

Im Babel der Sprachen, in der widersprüchlichen Vielfalt der Welt nimmt der »Intellekt« des Dichters wie die »unschätzbare Eidechse« die Farbe seines Umfelds an. Wie als Antwort auf Kritiker, die ihm schon früh eine geradezu chamäleonartige Anpassungsfähigkeit anstelle einer erkennbaren stilistischen Identität vorwarfen, betont Walcott: »wenn unser Handwerk in scheckiger Mimikry liegt,/dann ist die Vielseitigkeit seiner Meisterschaft/eine Tugend«. Er ist stolz darauf, weder der populären »Fraktion des freien Verses« noch der der »klumpig elegischen Erinnerung« beigetreten zu sein. Zugleich ahnt der alte Dichter, daß er die ersehnte Anerkennung, den hart erkämpften Welterfolg, längst überlebt hat: »Langsam härtet sie aus, die Totenmaske des Ruhms.«

Mit entwaffnender, schonungsloser Vehemenz faßt er seinen körperlichen Verfall und, dies vor allem, seine seelischen Gebrechen ins Auge: die gekränkte Eitelkeit, die ohnmächtige Wollust, die hungrige Angst des Alters. Trotz dieser rücksichtslosen Gewissenserforschung ist dies Gedicht dennoch keine zerknirschte Lebensbeichte. Anders als bei seinem neutestamentlichen Vorbild wartet ja kein barmherziger Vater auf ihn, und er kann keine Absolution für seine Irrwege und halbvergessenen »Täuschungen« erwarten. Überdies tritt neben die existentiellen Ängste, den bohrenden Selbstzweifel und die stille Klage über die »Abwesenheit« der toten Gefährten die beharrliche Selbstvermahnung, dankbar zu sein und zu bleiben, dankbar für den »Segen des sonnengesäumten/Regens«, die »Gebete der triefenden Blätter« und das Gelingen der eigenen Arbeit: »so breit wie meine offene Hand ist die Liebe/für Grenzlinien, die sich lesen lassen als *ein* Land,/die *eine* Karte der Zuneigung, die meinen Stift umgibt.« Darauf legt er sich fest: »über nichts anderes/kann ich mehr schreiben als Dankbarkeit.« Walcotts Gedicht ist keine *ars moriendi*, aber eine hohe Schule des Alterns. Das bleibt erträglich, so lange er seinem Gewerbe nachgehen kann. »Sei glücklich«, heißt es im vorletzten Abschnitt des Gedichts, »sei dankbar, daß jedes Handwerk schwierig bleibt./Dies wird dein letztes Buch; behandle jeden Fleck/als wäre er gerade erschaffen, schon alt,/doch wieder neu durch die Benennung«. Diesem adamischen Akt der Namensgebung, der immer neuen, stets schwierigen Schöpfung der Welt in der Sprache, widmet sich Walcott bis zuletzt. Und er bleibt auf der Suche nach dem magischen Augenblick der inspirierenden Epiphanie, der inneren Bewegung im Moment der Anschauung.

In den letzten Gesängen nimmt die Sprache des Gedichts eine religiöse Tönung an. Aber Walcott versagt sich jede frömmelnde Schönfärberei: Ein Regenbogen, im Alten Testament das Zeichen des göttlichen Bundes mit den Menschen, erscheint ihm als »Bluterguß hinter Baumwollwolken.« Vielleicht wird ihm deshalb eine erhebende Vision zuteil, die freilich keiner überirdischen Macht zugeschrieben wird: »Heil! Erlösung! Segel leuchten im Sonnenlicht./Eine Schaluppe mit Doppelsegel vor Pigeon Island./Mein Horizont ist dieser Strich./Glücklicher kann ich nicht sein.« Wenig später ist es der afrikanische Wind, der diese Wunder der Natur zelebriert. Die Rücken der Regenbögen wölben sich, so scheint es dem verzückten Betrachter, »wie leuchtende Delphine, sie überspringen die Hügel,/die Dörfer, mit ihrem üppigen Segen«. Diese Augenblicke ekstatischer Begeisterung sind tröstliche Bruchstücke, die der Dichter um die Ruine seines Lebens aufrichtet, um sich zu wappnen gegen den »Abgrund meiner tiefen Feigheit«, die »Ängste und Betrügereien« des Alters. Es bleibt ihm nur das »alte Gebet«, das virtuos mit der Vieldeutigkeit des englischen »craft« (Handwerk oder Boot) und »line« (Vers oder Angelleine) spielt und so noch einmal das intime Ineinander von dichterischer Phantasie und karibischer Alltagsrealität vorführt:

> ich möchte, obwohl am Haken dieses Boots, doch wie ein großer
> gekrümmter Schwertfisch über die Netze himmelwärts springen
> und klatschend wieder herabfallen und prismensprühend
> wieder empor und, geführt von flinken Delphinen,
> im Sprung noch einmal die Leine zerreißen und frei sein.

Ob und wie diese Sehnsucht nach Freiheit erfüllt wird, bleibt unklar. Walcotts poetische Lebensreise endet im Niemandsland der »offenen See«, denn den Heimgekehrten hält es nicht auf seiner Insel. Im letzten Abschnitt bricht er wieder auf, im offenen Boot, auf der Suche nach Delphinen, draußen, in den »Gletscherwogen« des Meeres. Wider jede Erwartung brechen die überschwenglich verspielten Tiere plötzlich hervor, »wie Seraphim« zur »summenden, surrenden Harfe der Wanten und Leinen«. Mit dieser unverhofften Vision schließt das Gedicht. Der verlorene Sohn fährt der letzten Grenze, dem unerreichbaren, aber »verläßlich hellen Rand/der Welt ringsum« entgegen. Was jenseits dieses Randes auf ihn wartet, entzieht sich seiner Sprache und Erkenntnis. Doch sein Vorschein ist sichtbar: »am andern Ufer jener Streifen Licht«.

Daniel Göske

Notiz

Ziel dieser Übersetzung ist es, den Sinn, den Klang und die Leuchtkraft des Originals so genau wie möglich nachzubilden. Das elastische Grundmuster der meist jambischen Verse sollte erhalten bleiben. Dies ließ sich schon wegen der Vielsilbigkeit des Deutschen oft nur auf Kosten entbehrlicher Wörter oder mit Hilfe von Kompositabildungen erreichen. Abweichungen von naheliegenden Übersetzungen, wie sie zweisprachige Wörterbücher bieten, waren zudem aus rhythmischen oder, bei gereimten Passagen, aus klanglichen Gründen erforderlich; andere ergaben sich aus notwendigen Seitenblicken auf das gesamte Œuvre Walcotts. Zudem habe ich versucht, wichtige wiederkehrende Wörter im Makrokontext des Gedichts analog wiederzugeben. Zahlreiche Anspielungen im Text ließen sich oft nur durch Bezug auf Walcotts übrige Werke klären, von denen viele in Übersetzung vorliegen. Zudem waren besonders nützlich: William Baers *Conversations with Derek Walcott* (1996), Bruce Kings monumentale Biographie (2000), Paul Breslins *Nobody's Nation: Reading Derek Walcott* (2001) und Edward Baughs *Derek Walcott* (2006).

D. G.

Anmerkungen des Übersetzers

Luigi Sampietro: Herausgeber der Zeitschrift *Caribana* und Professor für Amerikanistik an der Universität von Mailand, wo Walcott seit 1996 mehrfach als Gastdozent gelehrt hat.

The Prodigal: Im englischsprachigen Raum heißt der »verlorene Sohn« des berühmten Gleichnisses in Lukas 15:11–32 der »verschwenderische« (»prodigal«) Sohn. Diese moralisierende Bezeichnung geht nicht auf den Bibeltext, sondern eine mittelalterlichen Randglosse der Vulgata zurück (»parabola de filio prodigo«). Walcott, der in seinem Alterswerk den Schwerpunkt auf die Folgen des Exils und der Rückkehr legt, bezieht sich in seinem Œuvre oft auf die archetypische Figur des Heimkehrers, den die Erfahrung der Irrfahrt in der Fremde (Odysseus) oder der Einsamkeit im Exil (Robinson Crusoe) gezeichnet hat.

10 *he contains many absences:* abweichende Anspielung auf das »I am large, I contain multitudes« (»Ich bin weiträumig, enthalte Vielheiten«) Walt Whitmans in seinem »Song of Myself« (1855).

12 *a separate joy:* Anspielung auf die ironische Rede vom individuellen »Separatfrieden« in Hemingways *In Our Time* (1925) und *A Farewell to Arms* (1929). – *nineteenth century:* in *Another Life* schreibt Walcott über seine karibische Jugend: »wir waren Waisen des neunzehnten Jahrhunderts,/emsig bedacht auf die Moral eines Stils,/wir leben von einem anderen Licht,/Victorias Waisen, Fledermäuse in Banyanbäumen.«

16 *»Such, such were the joys«:* aus William Blakes »The Echoing Green«, einer Elegie über die vergangene Kindheit aus seinen *Songs of Innocence* (1798). Noch George Orwell zitierte 1947 den Vers als Titel eines autobiographischen Essays.

18 *Prudential:* das Hochhaus des Prudential Center in Boston.

26 *a white wolf:* im ersten Gesang von Dantes *Inferno* verstellt dem Dichter eine magere Wölfin den Weg.

30 *»The Ice Maiden«:* Walcott las Hans Christian Andersens Novelle von der »Eisjungfrau«, der als *femme fatale* gestalteten »Gletscherkönigin«, offenbar schon als Kind, wie ein Manuskriptnotiz zu *Another Life* nahelegt: »Der Schnee und der Tod. Die Prinzessin war bei lebendigem Leib in ihrem kalten Glassarg eingefroren. Er stellte es sich vor: das Weiß, die Wüste, die Vernichtung … Wer die kalten, brennenden Lippen der Eisjungfrau küßte, war versehrt von der Ekstase des Todes.« –

Snow-Bound: diese realistische Winteridylle (1866, dt. *Eingeschneit*, 1879), in der ein Schneesturm eine Familie auf ihrer Farm in Neuengland von der Außenwelt isoliert, machte den amerikanischen Lyriker John Greenleaf Whittier kurz nach dem Bürgerkrieg populär. – *infernity:* Walcotts Wortschöpfung aus »inferno« und »eternity«.

32 *Syndics of the Draper's Guild:* Rembrandts Gemälde der *Staalmeesters* (1662) im Amsterdamer Rijksmuseum zeigt sechs ältere Männer, schwarzgekleidet und mit weißem Spitzenkragen, die in einer Art Jahreshauptversammlung der Tuchmachergilde ihren Rechenschaftsbericht ablegen. – *Saint Martin:* die zunächst holländische Inselkolonie auf den kleinen Antillen wurde 1648 mit Frankreich geteilt. Einige Ahnen von Walcotts Mutter waren aus Holland in die Karibik gekommen.

36 *chelidon:* griech. »Schwalbe«. Im anonymen lateinischen Hymnus der *Pervigilium Veneris* (etwa »Nachtfeier der Venus«) aus dem 2. Jahrhundert n. Chr. erwartet der Dichter den Frühling, der ihm wie der Schwalbe die Stimme zurückgeben soll. Schon T. S. Eliot spielte am Ende seines *Waste Land* (1921), der *Magna Charta* des englischsprachigen Modernismus, auf diesen Text an. – *A Farewell to Arms:* an Hemingways Weltkriegsroman von 1929 (dt. *In einem anderen Land*, 1930) lobt Walcott in einem Interview vor allem die an Gertrude Stein und Cézanne geschulte »kubistische« Evokation der italienischen Landschaft.

46 *epiphany:* Joyce definiert diesen religiös konnotierten Begriff in seinem Künstlerroman *Portrait of the Artist as a Young Man* (1916, dt. *Jugendbildnis*, 1926) als eine »plötzliche spirituelle Manifestation«, die vom Dichter in all ihrer flüchtigen Intensität gestaltet werden müsse.

48 *Genoan:* Christoph Kolumbus wurde 1451 in Genua geboren, unternahm aber seine erste transatlantische Reise, auf der er an Bord der Karavelle *Nina* die westindischen Inseln »entdeckte«, 1492 als Großadmiral im Dienst des spanischen Königs (und finanziert von Genueser und Florentiner Banken) von Palos in Südspanien aus. Bei Walcott ist Kolumbus eine durchaus ambivalente Figur; im Drama *Drums and Colours* klagt er über seine geschichtliche Rolle: »Heuchler und Übeltäter haben mein Werk vernichtet«. In *Tiepolo's Hound* (2000) heißt es: »Als der Genueser/unsere Felsen an seinem Rosenkranz zählte/besiegelte er mit Finger und Daumen/St. Thomas', St. Lucias, Trinidads unauslöschliche Taufe«. – *conjugate:* In der Chemie spricht man von sich »konjugierenden« Substanzen.

50 *History:* Walcott unterscheidet nicht nur hier zwischen einer lokalen, individuellen, insularen »history« (Geschichte) und der großen »History« (hier: Historie) als Konstruktion weltgeschichtlicher Zusammenhänge. Schon in einem Essay von 1974 verwirft er die »Knechtschaft der Neuen Welt gegenüber der Muse der Historie«, denn diese letztlich antagonistische Haltung habe nur eine »Literatur der Vorwürfe und Verzweiflung« hervorgebracht, »eine Literatur der Rache von Nach-

fahren der Sklaven oder eine Literatur der Reue von Nachfahren der Sklavenhalter.« In seinem Aufsatz über den auf Martinique geborenen Romancier Patrick Chamoiseau (1997) führt er aus: »Jede Insel ist umgeben von jener ozeanischen Traurigkeit, die man Historie [History] nennt, doch die *histoires* [der karibischen Inseln] sind nicht bezogen auf den Marsch, den Rhythmus irgendeiner optimistischen Chronologie, die von der Sklaverei zur Emanzipation, zum Kolonialismus und zur Unabhängigkeit« führt; wichtig ist »*l'histoire*, nicht Historie, sondern die Story, die Fabel, das Gerücht, im Gegensatz zu Zeitläuften, Daten und Orten.«

52 *de Chirico:* Giorgio de Chiricos surreale Bilder zeigen oft, wie z.B. »Piazza d'Italia con statute equestre«, leere Plätze, in denen isolierte Standbilder oder winzige Menschen von düsteren, disproportionalen Schatten überlagert werden. – *mall in Milan:* die Galleria Vittorio Emanuele, eine imposante Einkaufspassage im Jugendstil, in der Nähe des Doms.

54 *Joseph:* der russisch-jüdische Dichter Joseph Brodsky wurde 1940 in St. Petersburg geboren, lebte seit 1972 im amerikanischen Exil und erhielt 1987 den Nobelpreis; er starb 1996. In einem Essay über seinen Freund (1988) schrieb Walcott: »Die zeitgenössische Lyrik ist meist eine Dichtung beiläufiger Nebenbemerkungen. Die intellektuelle Energie von Brodskys Dichtung beunruhigt dagegen sogar die Dichter unter seinen Lesern, denn sie enthält die ganze Geschichte dieses Handwerks, denn sie verehrt ganz offen ihr Erbe, aber – und darin liegt ihr Gewinn – sein poetischer Scharfsinn [wit] stützt sich darauf, womit die Dichter ihr Handwerk voranbringen – Intelligenz, Argumentation, Interesse für die moderne Wissenschaft, weniger das Gespür für die Vergangenheit als vielmehr die Gewißheit, daß die Grammatik der Vergangenheit sich immer im Präsens konstruiert.«

56 *Via Veneto:* kurviger Boulevard in Rom, der vom Pincio zur Piazza Barberini hinabführt, mit zahlreichen Belle-Époque-Villen, Ministerien und Botschaften.

58 *Greenwich:* Walcott hielt sich seit 1958 immer wieder in Manhattans Künstlerviertel Greenwich Village auf. – *Gros Ilet:* Hafenort an der Nordwestspitze von St. Lucia, nicht weit von Walcotts Haus. In *The Arkansas Testament* (1987) sagt der an Odysseus erinnernde Sprecher über »Gros-Islet«: »Dies ist nicht die traubenrote Ägäis./Hier gibt es nicht Wein, nicht Käse, die Mandeln sind grün,/die Seetrauben bitter, die Sprache ist die von Sklaven.«

60 *Guardi:* in *Tiepolo's Hound* erwähnt Walcott die Kunstbücher seiner Jugend, in denen er Botticellis Venus, Fra Angelicos Verkündigung Mariae, Leonardos Gemälde und Guardis venezianische Sepiaskizzen zum ersten Mal sah: »Bilder, so fern dem Leben, das um uns gärte!« Und er läßt den nach Frankreich ausgewanderten Pissarro fragen: »Welche Autorität gibt mir das Vorrecht/die Form zu verwischen, aufzulösen, die Details der Bäume/zu mißachten, ohne Corots gefiederte Anmut?« – *Montale:* der »hermetische« Lyriker und Essayist Eugenio Montale, 1896 in Genua

geboren und 1981 in Mailand gestorben, erhielt 1975 den Nobelpreis für Literatur. Walcott vergleicht seine Verse mit »ringelnden Aalen im Korb« (*The Bounty*); im *Prodigal* bezieht er sich später auf Montales »I Limoni« (»Die Zitronen«). – *Machado:* in »Reading Machado« spürt Walcott in den verdorrten Pflanzen des karibischen Sommers überall »Echos, Verbindungen, Rückschlüsse,/den Ton Antonio Machados, sogar in der Übersetzung« (*Bounty*).

62 *Alcalá:* Ort in Andalusien, in Walcotts »Spain«-Zyklus die »kopfsteingepflasterte Stadt von Cervantes« (*Bounty*). – *perpetual annunciation:* Anspielung auf die zahllosen Darstellungen von Mariae Verkündigung nach Lukas 2:26–38.

66 *Surrender of Breda:* Diego Velázquez schildert in seinem neun Quadratmeter großen Gemälde von 1635 die Übergabe der protestantischen Stadt Breda in Holland an die spanisch-katholischen Belagerer. Der unterlegene Kommandant überreicht dem siegreichen General Spinola in angedeuteter Demutsgeste die Stadtschlüssel, wird aber vom großmütigen, diplomatischen Spanier aufgerichtet. Den Bildhintergrund dominieren die langen, im Gegensatz zu Walcotts Lesart starr senkrecht stehenden Lanzen der spanischen Söldner, weshalb das Bild auch den volkstümlichen Titel »Las lanzas« trägt. – *shac-shac:* karib. »Rassel«, z. B. eine hohle, mit Samenkörnern gefüllte Kokosnuß.

68 *Mantegna, Uccello, Signorelli:* Maler aus verschiedenen Stadtstaaten der italienischen Frührenaissance; die illusionistischen Effekte auf ihren vielfigurigen Fresken und Ölgemälden von Schlachten, der Sintflut oder dem Jüngsten Gericht wurden für spätere Künstler wie Piero della Francesca, Leonardo und Dürer wichtig.

82 *Barranquilla:* viertgrößte Stadt Kolumbiens, östlich von Cartagena an der karibischen Küste gelegen.

84 *burros:* span. »Esel«. – *sea-grape:* die Meertraube (Coccoloba uvifera) ist ein immergrüner Busch mit weißen, duftenden Blüten und rotbräunlichen Kugelfrüchten, die zu Gelee, Saft oder Wein verarbeitet werden. – *sea-almond:* der Seemandelbaum (Terminalia catappa) hat rosettenförmige Blätter, trägt eßbare mandelähnliche Früchte und läßt halbjährlich seine dann rotgoldenen Blätter fallen.

86 *orange-walled Cartagena:* die kolumbianische Hafenstadt wurde schon 1533 von Spaniern gegründet; die Kathedrale entstammt dem gleichen Jahrhundert. Um die Stadt vor Piraten und vor englischen Freibeutern wie Sir Francis Drake, der sie 1785 erobert hatte, besser zu schützen, baute man umfangreiche Festungsanlagen, weshalb Cartagena den Spitznamen »Ummauertes Königreich« bekam.

88 *Nombre de Dios:* Die Spanier lagerten in dieser Stadt an Panamas Ostküste die von ihnen zusammengeraubten Schätze für den transatlantischen Transport. Drake nahm den Ort schon 1572 und noch einmal 1596 ein, starb aber kurz nach der zweiten Erstürmung.

90 *Márquez's house:* das Anwesen des kolumbianischen Schriftstellers und No-

belpreisträgers (1982) Gabriel García Márquez, dessen Diktatorenroman *El Otoño del Patriarca* (1975, dt. *Der Herbst des Patriarchen*, 1978) Walcott sehr beeindruckte, wie »The Star-Apple Kingdom« zeigt (dt. »Das Königreich des Sternapfels«, 1989).

92 *callipers:* zweischenkliger Greif- oder Kaliberzirkel zum Abmessen eines rundlichen Körpers (Globus oder Geschoß). – *Bougainvillea:* kleiner Baum der Wunderblumengewächse, mit blutroten oder violetten Blüten an jedem Hochblatt, benannt nach dem Seefahrer Louis-Antoine Bougainville (1729–1811).

94 *pomme-arac:* eine rote, der Guajava ähnliche, eßbare Frucht. – *flies:* das engl. »fly« kann im Slang auch »Polizist« bedeuten; die *private investigation* des schnüffelnden Hundes betrifft wohl auch die Genitalien (»privates«) der Toten.

96 *Guadalajara:* die zweitgrößte Stadt Mexikos liegt im Gebiet des ehemaligen Aztekenreichs. – *jacaranda:* tropische Baumart (Bignoniaceae) mit prächtigen blauen Blüten. – *Roddy:* Walcotts Zwillingsbruder Roderick, Dramatiker, Theaterleiter, Maler auch er, gilt als einer der Begründer des modernen karibischen Theaters. Er starb am 6. März 2000 in Toronto, wo er seit 1980 lebte.

98 *the one address:* Roderick und Alix Walcott (1894–1990) liegen auf dem Choc Cemetery zwischen dem Strand und dem Flugplatz von Castries auf St. Lucia begraben. – *Moroni:* Das Halbporträt eines eleganten, den Betrachter gelassen taxierenden Schneiders mit Schere und Stoffbahn von Giovanni Battista Moroni (ca. 1570) hängt in der Londoner National Gallery.

102 *Threescore years and ten:* die durchschnittliche Lebenszeit in der Sprache der *King James Version*, z.B. im berühmten Psalm 90:10, bei Luther: »Unser Leben währet siebzig Jahre, und wenn's hoch kommt, so sind's achtzig Jahre, und wenn's köstlich gewesen ist, so ist's Mühe und Arbeit gewesen; denn es fähret schnell dahin, als flögen wir davon.« – *sun of midsummer:* in seinem Gedichtzyklus *Midsummer* (1984) wählt Walcott diese Jahreszeit für Betrachtungen an verschiedenen Schauplätzen in Europa und Amerika. – *Palmistes:* karib.-frz. Name für eine hohe, in der Karibik häufige Palmenart (Arecaceae) mit eßbaren Blattknospen (engl. »cabbage-palm«).

110 *The Prodigal Son:* Fresken vom verlorenen Sohn sind offenbar selten, in Zeichnungen, Stichen und Ölgemälden wurde das Gleichnis aber oft behandelt (z. B. von Dürer, Rubens, Rembrandt, Rosa, Murrillo und vielen anderen Künstlern).

112 *D'ennery:* Hafenort an der stürmischen Ostküste St. Lucias; die Dörfer *Saltibus*, *La Feuillée* und *Monchy* liegen im südwestlichen bzw. nördlichen Hügelland.

114 *gommier maudit:* im Chamoiseau-Essay schreibt Walcott: »Der *gommier maudit* oder ›verfluchte Gummibaum‹ macht einen wütend, weil er ständig seine weißen Blüten abwirft; hat man sie aufgesammelt, beginnt er von neuem mit seiner entnervenden Kaskade. Wer ihn zuerst verfluchte, ist längst vergessen, doch sein sisyphusscher Rhythmus beginnt zu jeder Jahreszeit neu.« – *meridian:* der soge-

nannte Nullmeridian wurde 1884 auf Beschluß einer internationalen Konferenz in Washington als imaginäre Nord-Südachse durch das Royal Greenwich Observatory bei London gelegt. – *Pope Alexander's line:* der berüchtigte spanische Papst Alexander VI. (Roderigo de Borja) erließ 1493 eine Bulle, in der er der spanischen Krone die exklusive Herrschaft über die gerade »entdeckte« Neue Welt sichern wollte. Die päpstliche Demarkationslinie verlief etwa 500 Kilometer westlich der Kapverdischen Inseln; das Gebiet östlich davon wurde Portugal zugeschrieben. Keine andere europäische Macht akzeptierte dieses Dekret. – *manchineel:* von span. »manzanella« (kleiner Apfel): ein tropischer Baum (Hippomane mancinella) mit apfelartigen Früchten, deren milchiger Saft bei Hautkontakt Blasen verursacht.

116 *»burn«:* schott. Dialektwort für »Rinnsal, Bach«.

118 *frangipani:* ein kleiner tropischer Laubbaum (Plumeria acutifolia), auch Jasmin genannt, mit langen, speerförmigen Blättern, milchig-giftigem Saft und lilienartig-trichterförmigen, meist weißen oder roten Blüten, die nachts süßlich duften. Das Wort leitet sich von dem italienischen Marquese Muzio Frangipani her, der aus diesen Blüten im 16. Jahrhundert Düfte für seine Handschuhe herstellen ließ. Die Etymologie erinnert an das Brechen des Brots (lat. *frangere panem*) im Abendmahl, und Walcott verstärkt diese Assoziation durch homographe Wörter – engl. »pain« (Schmerz, Pein), frz. »pain« (Brot) – und die Anspielung auf den ursprünglichen Sinn des engl. »breakfast« (das Fasten brechen).

122 *Canaries, Piaille, Choiseul:* Fischerdörfer an der westlichen Steilküste von St. Lucia.

124 *Alan:* Walcotts verstorbene Gefährten, darunter die Dichter Alan Ross, Joseph Brodsky und John Figuera sowie Charles Applewhaite, Devindra Dookie, Claude Reide und Hamilton Parris vom Trinidad Theatre Workshop. – *»Blessed are the dead«:* Verszeile aus »Rain« von Edward Thomas (1878–1917), der erst zum Lyriker wurde, als der Weltkrieg begonnen hatte; er fiel im April 1917 bei Arras. Walcotts »Homage to Edward Thomas« lobt die »formbewußt informelle Prosa« seiner meditativen Lyrik, und in einem Interview von 1990 heißt es: »Der Dichter, den ich am meisten schätze, ist Edward Thomas. Ich meide jeden, der auch nur den Hauch einer Kritik gegen ihn äußert. Er ist reines, klares Wasser.«

128 *fort:* Fort Rodney, eine Festungsruine aus dem 18. Jahrhundert, auf Pigeon Island an St. Lucias Nordwestspitze. – *Hessians:* Walcotts Verschmelzung von Naturgeschichte und Historie, Vegetation und Schlachtgeschehen, spielt an auf die rot uniformierten hessischen Söldner der britischen Krone, die in den amerikanischen Kolonien eingesetzt wurden. – Der *Flamboyant* oder Flammenbaum hat große, orange oder scharlachrote Blätter und flache, hölzerne Schoten.

130 *Sesenne's singing:* Walcotts »Homecoming« beginnt mit einer Homage an diesen Archetyp einer karibischen Sängerin: »Mein ländliches Herz, ich bin nicht

daheim bis Sesenne singt,/eine Stimme voll Holzfeuerrauch und Taubengegurr« (*Bounty*).

132 *clarified frenzy:* vielleicht eine aufgeklärte Version des »schönen Wahnsinns« (»fine frenzy«), die Shakespeares Theseus im *Midsummer Night's Dream* den Dichtern zuschreibt (V, 1, 12, nach A. W. Schlegel). – *Queen Anne's Lace:* Wildmöhre (Daucus carota); diese urwüchsige Karottenart trägt breite, weiße Doldenblüten, die wie runde Spitzendeckchen aussehen, daher wohl der engl. Name. – *Both worlds are welded:* In »Die Muse der Historie« schreibt Walcott, der Konflikt zwischen seinen schwarzen und weißen Ahnen habe »zwei große Welten verschweißt, und die Naht ihrer beiden Hälften ist wie der bittere Eigensaft einer Frucht.« Am Ende des Essays dankt er seinen europäischen und afrikanischen Vorfahren für seine karibische Heimat: »Verbannt aus eurem jeweiligen Paradies, habt ihr mich in die Wunderwelt eines anderen Eden gesetzt; das war mein Erbe und euer Geschenk.«

134 *Maraval:* ein Ort am Westrand des *Northern Range*, einem Höhenzug auf Trinidad.

136 *banyan:* ein ursprünglich nur in Indien beheimateter Baum (Ficus bengalensis), der sich ausbreitet, indem seine herabhängenden Äste neue Wurzeln und Stämme bilden. Auf dem seit 1993 »Derek Walcott Square« genannten Platz vor der Bibliothek von Castries steht ein 400 Jahre alter Banyanbaum. Gegenüber baute man 1897 die römisch-katholische »Kathedrale der Unbefleckten Empfängnis«, für die protestantischen Walcotts ein *fremder Dom.* – *cassava:* ein tropisches Wolfsmilchgewächs (Manihot), das man wegen seiner eßbaren Wurzeln anbaut.

138 *poui:* frz.-kreol. Name für einen großen, schattenspendenden Laubbaum, der rosa oder gelb blüht und vor allem auf Trinidad wächst. – *breadfruit:* die runde, pampelmusengroße Frucht dieses Baums (Artocarpus altilis) erinnert, wenn gebacken, tatsächlich an frisches Brot. Im Auftrag der britischen Krone war William Bligh mit der *Bounty* 1787 in die Südsee gesegelt, um die Brotfrucht als billiges Nahrungsmittel in die karibischen Kolonien zu bringen. Erst Jahre nach der berühmten Meuterei konnte er seinen Auftrag erfüllen, und so krönt Blys Londoner Grab noch heute eine steinerne Brotfrucht.

140 *Bornu:* westafrikanisches Reich (14.–19. Jahrhundert) südwestlich des Tschadsees.

146 *Morne:* frz.-kreol. für »kleiner Hügel«. – *falaise:* frz. »Klippe«.

148 *ram:* vgl. den mit den Hörnern in der Hecke hängenden Widder als Ersatz für die Opferung Isaaks (Gen. 22). Zum »attischen Ritus« der Totenbefragung durchs Blut geschlachteter Tiere vgl. die *Odyssee* im elften Gesang.

150 *hogplums:* karibischer Baum (Spondias mombin), der auch auf kargem Boden gedeiht und dessen saure Früchte die Schweine gern fressen. – *La Fargue* ist ein Dorf bei Choiseul.

152 *1492:* Kolumbus landete im Oktober 1492 auf den westindischen Inseln und nahm sie für Spanien in Besitz; 1833 wurde auf den britischen Karibikinseln die Sklaverei abgeschafft; 1930 meint nach Walcotts Auskunft sein Geburtsjahr. – *Bly's log:* diese Quelle legt nahe, daß Bly als einziger Offizier an Bord der *Bounty* ungewöhnlich milde agierte, was ihn vor der Meuterei nicht schützte, die sein Stellvertreter Fletcher Christian anführte. In *The Bounty* deutet Walcott, auf den sprechenden Namen des Aufrührers anspielend, dessen Revolte als religiöse Allegorie: »der Gott-Kapitän wird ausgesetzt auf offener See/vom meuternden Christen«.

160 *volontade:* »In seinem Willen finden wir den Frieden.« Piccarda Donatis Antwort auf Dantes Frage, warum sie und die anderen Seelen, die an der Erfüllung eines Gelübdes gehindert wurden, sich nicht nach Gottes höchster Himmelssphäre sehnen (*Paradiso*, 3:85, nach Hermann Gmelin).

164 *Giorgione:* Das Studium von Thomas Cravens *Treasury of Art Masterpieces* (1939) hatte Walcott schon früh mit der europäischen Malerei bekannt gemacht. Vgl. die Anspielungen auf Botticellis *Geburt der Venus* in »Choc Bay« und auf Giorgiones *Schlafende Venus* in *Another Life.*

170 *Crivelli:* In Carlo Crivellis Gemälde von der *Jungfrau mit Kind*, ebenfalls in Cravens *Treasury* abgebildet, hockt am unteren Bildrand eine goldglänzende Fliege, die Walcott schon in *Another Life* erwähnt. – *Ghirlandaio:* Domenico Bigordi wurde so genannt, weil er Schmuckgirlanden für junge Mädchen erfunden hatte.

172 *Verdi:* der Überrest des 1920 eingeweihten und 1944 schwer beschädigten Monuments für den Komponisten, ein Basreliefs von Ettore Ximenes, befindet sich an der Mauer des Palazzo della Pilotta. – *cocoa:* die großen Schoten des Kakaobaums (theobroma cacao) enthalten den dunkelbraunen Samen, aus dem Kakaoprodukte und Schokolade hergestellt werden. – *principalities:* Echo der paulinischen Rede von den Mächten und Gewalten der Welt und des Himmels (Röm. 8:38 oder Eph. 3:10)

174 *Gros Piton:* der höhere (800 m) der beiden jäh vom Meer bei Soufrière aufragenden Vulkankegel St. Lucias. – *O Altitudino:* von lat. »altitudo« (Höhe, Größe, Erhabenheit); poetische Anrufungen des Höchsten, Unbegreiflichen in der Dichtung, wie in Sir Thomas Brownes *Religio Medici* (1642): »Ich liebe es, mich in einem Mysterium zu verlieren, meine Vernunft hinaufzutreiben bis zu einem O altitudo!« Dahinter steht die Vulgata-Version von Röm. 11:33.

176 *life-long siege:* Walcotts Dramen blieb der Erfolg auf großen Bühnen meist verwehrt.

178 *dishevelled digit:* in seinen »Italian Eclogues« hört Walcott unter den »Zedernkolonnaden« seiner Insel ein »Echo« von Brodskys poetischer »Architektur«, den klar umrissenen Strophen eines »Kantors« mit seiner »tonsurähnlichen An-

dacht«, und er schreibt: »Ich werde über das Missale der Brandung, die säulenartigen Zedern erhoben/und blicke hinab auf die Ziffer der Trauer, deinen Stein« (*Bounty*).

180 *Bimini:* kleine Insel der Bahamas, die Hemingway gern besuchte. Der Fang eines riesigen Schwertfischs inspirierte ihn dort angeblich zu *The Old Man and the Sea* (1952). In dieser Novelle, so Walcott in seinem Hemingway-Essay (1990), habe der Amerikaner die Karibik »seliggesprochen« und romantisiert. Seine Naturdarstellungen seien dennoch »erstaunlich genau«, wie die des amerikanischen Malers Winslow Hower. – *hooked to this craft:* die doppelsinnige Wendung bedeutet zugleich »diesem Handwerk hörig«. In »Where I Live« (1997) vergleicht Walcott, die Vieldeutigkeit des engl. »line« nutzend, das Fischen auf hoher See mit dem Dichten. Das Gewerbe des Dichters bestehe darin, »die Verszeile [Angelleine] auszuwerfen und, mit etwas Glück, einen zappelnden Reim einzuholen und zu lernen, Demut zu bewahren angesichts jener riesigen Fläche, die seine Heimat ist.«

Die amerikanische Originalausgabe *The Prodigal*
erschien 2004 bei Farrar, Straus and Giroux in New York.

1 2 3 4 5 11 10 09 08 07

ISBN 978-3-446-20757-8

Einbandgestaltung: Peter-Andreas Hassiepen unter
Verwendung eines Aquarells von Winslow Homer
Satz: Satz für Satz. Barbara Reischmann, Leutkirch
Druck und Bindung: Kösel, Krugzell
Printed in Germany